RK-012

MASSIMILIANO AFIERO

LA SS-DIVISION WIKING NEL CAUCASO: 1942-1943

La SS-Division Wiking nel Caucaso: 1942-1943

Nell'estate del 1942, le forze tedesche ritornarono ad attaccare sul fronte dell'Est, questa volta concentrandosi esclusivamente nel settore meridionale, con l'obiettivo di conquistare Stalingrado e il Caucaso. La scelta di attaccare in quella regione, fu dettata soprattutto dall'esigenza di prendere il controllo dei ricchi giacimenti petroliferi del Caucaso, per poter avere riserve di carburante sufficienti per combattere una guerra, diventata ormai mondiale. La divisione Wiking, dopo essere stata impegnata nella riconquista di Rostov, penetrò profondamente nelle regioni caucasiche, superando i numerosi corsi d'acqua che attraversavano quelle terre, affrontando mille insidie e mille combattimenti, contro un nemico sempre più aguerrito, coriaceo e soprattutto inafferrabile. Nel corso di questa nuova campagna, mancarono infatti le grandi manovre di annientamento delle forze sovietiche, che avevano caratterizzato la campagna estiva del 1941. Questa volta, i comandi e i soldati sovietici impararono a ripiegare e a raggruppare le loro forze per poi lanciare feroci contrattacchi, unendo al coraggio anche l'astuzia. Malgrado tutto, i reparti SS riuscirono ad arrivare fino alle lontane regioni asiatiche, minacciando di giungere fino alle coste del Mar Caspio. Le condizioni del terreno, la forte resistenza del nemico, i problemi logistici e le pesanti perdite, frenarono le sue ambizioni e quelle di tutte le forze tedesche. Con l'aggravarsi della situazione sul fronte di Stalingrado, le forze tedesche nel Caucaso, furono costrette a ripiegare rapidamente per evitare di finire intrappolate a loro volta e fu proprio la stoica resistenza dei reparti tedeschi di von Paulus, a salvarle, dandogli il tempo di ritirarsi verso nord e ritornare sulle posizioni occupate l'anno precedente. La divisione Wiking fu impegnata in una terribile ritirata d'inverno, caratterizzata da durissimi combattimenti contro il nemico e contro il freddo glaciale, lamentando ulteriori pesanti perdite, riuscendo a ritirare i superstiti di quella terribile avventura oltre il fiume Mius. Come per tutti gli altri numeri di Fronti di Guerra, la cronologia degli eventi è raccontata attraverso le testimonianze dei diretti protagonisti, i rapporti di guerra del periodo, i documenti originali, il tutto accompagnato come sempre da un eccezionale corredo iconografico, mappe, documenti e immagini, provenienti dagli archivi militari di tutto il mondo e dalle principali collezioni private, per rendere ancora più avvincente la trattazione degli argomenti. Sperando di aver realizzato un buon lavoro, colgo l'occasione per ringraziare tutti gli amici e i collaboratori che hanno contribuito alla realizzazione di questo nuovo numero di Fronti di Guerra e invito tutti a segnalare eventuali aggiunte o correzioni.

Massimiliano Afiero

Soldati della *SS-Division Wiking*, durante i combattimenti nelle regioni caucasiche, 1942.

✠ SOMMARIO

La nuova offensiva sul fronte dell'Est

Dopo aver mantenuto le posizioni durante il terribile inverno del 1941-42, arginando in parte la controffensiva sovietica lungo tutto il fronte dell'Est, con l'arrivo della primavera del 1942, gli strateghi militari tedeschi iniziarono a pianificare le prossime mosse, concentrandosi in modo particolare sul fronte meridionale. Nuovi attacchi contro Mosca e Leningrado, furono temporaneamente accantonati: con l'entrata in guerra degli Stati Uniti, il Terzo Reich aveva urgente bisogno di materie prime e soprattutto di petrolio. Sulle coste del Mar Caspio, i Sovietici possedevano ricchi giacimenti petroliferi e la loro conquista divenne di vitale importanza. Gli obiettivi della nuova offensiva, denominata in codice "*Fall Blau*" (piano blu), definiti da Hitler nella direttiva numero 41 del 5 aprile 1942, prevedevano infatti l'annientamento delle forze sovietiche dislocate tra il bacino del Donetz ed il Don, la conquista dei valichi del Caucaso e dei ricchi giacimenti petroliferi sul Caspio. Inoltre, la nuovo offensiva, nascondeva anche un altro obiettivo, molto più ambizioso: il congiungimento con le forze italo-tedesche provenienti dall'Egitto e con quelle giapponesi provenienti dall'India. In questo modo si sarebbe assestato un colpo mortale agli interessi economici e territoriali inglesi in Medio Oriente e nell'Asia Minore. L'offensiva, che doveva impegnare esclusivamente le forze dell'*Heeresgruppe Süd* (Gruppo Armate Sud), era stata suddivisa in quattro distinte fasi operative: inizialmente si doveva penetrare la linea difensiva nemica del Don, all'altezza di Voronezh (*Blau 1*), quindi conquistare l'intero bacino del Don fino all'altezza del Donetz (*Blau 2*). Subito dopo le forze tedesche sarebbero state impegnate nella conquista dell'intera area compresa tra il Don, Stalingrado e Rostov (*Blau 3*).

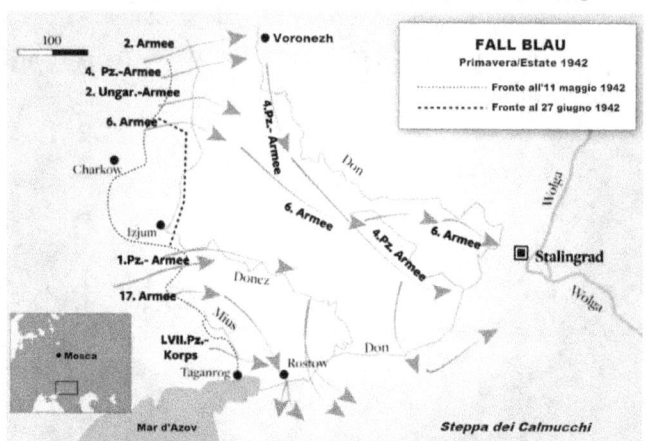

La linea del fronte tra il maggio e il giugno del 1942.

L'*SS-Gruf.* Felix Steiner, 1942.

A questo punto l'offensiva si sarebbe spostata a sud, con l'obiettivo di conquistare l'intera regione caucasica, compresa tra il Mar Caspio, il Mar Nero, il fiume Volga e la catena montuosa del Caucaso, con i suoi ricchi giacimenti petroliferi (*Blau 4*). Prima di lanciare la nuova offensiva però, fu necessario eliminare prima alcuni pericolosi salienti dei Sovietici, incuneati nel fronte difensivo tedesco, soprattutto a Kharkov, Izium e nella penisola di Kerch. All'inizio di maggio del 1942, le forze sovietiche avevano lanciato a loro volta un'offensiva proprio nell'area di Izjum, ma furono circondate ed annientate completamente, perdendo negli scontri, più di mille carri armati, 2.500 cannoni, lasciando nelle mani dei Tedeschi oltre a 240.000 prigionieri e senza contare i caduti e i feriti (Operazione *Fridericus*). Sul fronte della Crimea, l'*11.Armee* del generale von Manstein, riuscì a conquistare l'intera penisola. Tra il 10 ed il 26 giugno1942, furono lanciate altre azioni offensive che permisero alle forze tedesche di stabilire una testa di ponte sulla sponda orientale del fiume Donetz ad est di Kharkov.

Hitler a colloquio con il generale Friedrich Paulus, il generale Eberhard von Mackensen ed il feldmaresciallo Fedor von Bock.

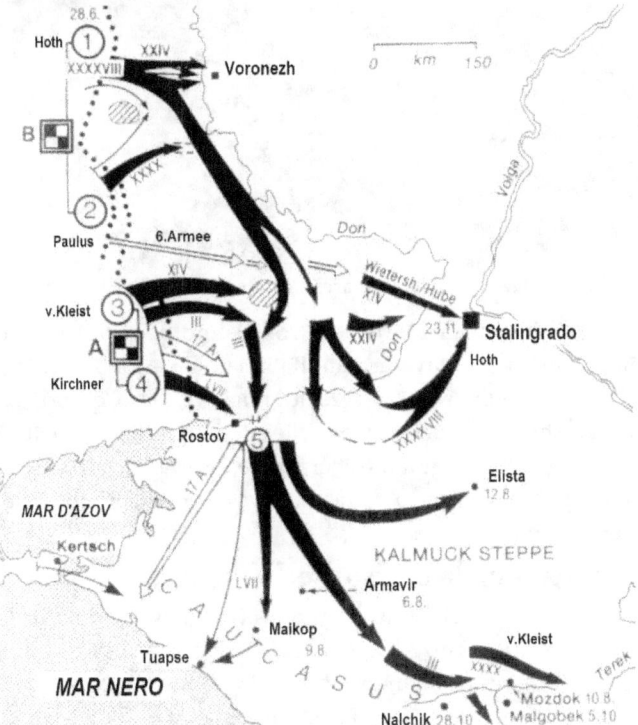

L'avanzata delle forze tedesche sul Volga e nel Caucaso.

Inizio del Fall Blau

L'operazione Blu iniziò ufficialmente il 28 giugno 1942, con la rapida avanzata dei reparti tedeschi, come nell'estate precedente: ovunque i Sovietici furono travolti e costretti a ritirarsi. Le prime forze a muoversi furono quelle attestate nel settore di Voronezh: già all'inizio di luglio le punte corazzate tedesche attraversarono il fiume Don. I Sovietici riuscirono però a ritirarsi in tempo, per evitare di finire annientati, attestandosi lungo una nuova linea difensiva più ad est. Questo improvviso ripiegamento costrinse i comandi tedeschi a rivedere

7

la loro strategia, dovendo proseguire l'offensiva lungo due differenti direttrici, con la conseguente suddivisione delle forze impegnate. Il 9 luglio, infatti il Gruppo di Armate Sud, fu suddiviso in due nuovi Gruppi di Armate: il Gruppo di armate A, agli ordini del maresciallo List ed il Gruppo di Armate B agli ordini del maresciallo von Weichs. Il gruppo di Armate A comprendeva la *17.Armee* di Ruoff, la *4.Panzer-Armee* di Hoth e dalla *1.Panzer-Armee* di von Kleist. La divisione SS-*Wiking* fu aggregata alla *1.Panzer-Armee*.

Un *Pzkpfw.III* della *Wehrmacht* sul fronte del Kuban, estate 1942.

Panzer e semicingolati della *23.Pz.Div.* in marcia, estate 1942.

Il Gruppo di Armate B, comprendeva invece la *2.Armee* di von Salmuth, la *6.Armee* di Paulus, la terza e la quarta armate rumene, l'ottava armata italiana e la seconda armata ungherese. La nuova direttiva di Hitler, numero 43 del 23 luglio 1942, fissò quindi gli obiettivi dell'offensiva tedesca lungo due direttrici ben distinte: il Gruppo di Armate B doveva conquistare con una rapida azione Stalingrado (Operazione *Fishereiher*: airone) ed assicurare il fianco sinistro al Gruppo di Armate A, che doveva invece spingersi nel Caucaso (operazione *Edelweiss*: stella alpina).

Il nuovo battaglione corazzato per la divisione Wiking

Dopo aver passato l'inverno lungo il corso del Mius, durante la primavera del '42 la divisione *Wiking* era stata completamente riorganizzata, grazie all'arrivo di nuovi rinforzi, soprattutto il battaglione composto da volontari finlandesi e un battaglione corazzato, agli ordini dell'*SS-Stubaf*. Johannes Mühlenkamp[1]. La *1.* e la *2.Kompanie*, erano equipaggiate con *Pzkpfw.III* armati con cannone lungo da 50mm. Ciascuna compagnia, comprendeva quattro plotoni di quattro carri, più un carro di comando, dove combatteva il comandante dell'unità. I due comandanti di compagnia erano l'*SS-Ostuf*. Schnabel[2] alla prima e l'*SS-Ostuf*. von Staden[3], alla seconda. La terza compagnia era equipaggiata con *Pzkpfw.IV*, armati con cannone corto da 75mm.

Giugno 1942: l'*SS-Gruf*. Felix Steiner ispeziona l'*SS-Panzer-Abteilung* ad Amwrosiewka. Sulla destra, si riconosce l'*SS-Stubaf*. Mühlenkamp (*Collezione Charles Trang*).

I *Pzkpfw.II* del plotone dell'*SS-Ustuf*. Martin.

L'unità era agli ordini dell'*SS-Hstuf*. Fritz Darges[4]. La *Stabskompanie*, agli ordini dell'*SS-Ostuf*. Walter Geipel, comprendeva l'*Aufklärungszug* (plotone da ricognizione) dell'*SS-Ustuf*. Josef 'Sepp' Martin, equipaggiato con *Pzkpfw.II*, il *Kradschützenzug* (plotone motociclisti) dell'*SS-Ustuf*. Willi Hein, il *Pionierzug* dell'*SS-Ustuf*. Fritz Schraps e il *Nachrichtenzug* (plotone comunicazioni) dell'*SS-Ustuf*. Hans Köntopp. Per lunghe settimane, gli equipaggi si erano addestrati intensamente. I cinque uomini di ciascun equipaggio dovevano diventare come le cinque dita di una mano e scambiarsi di ruolo, secondo le necessità della battaglia.

Ruoli e missioni per gli equipaggi dei carri

Era stato il generale Heinz Guderian, il creatore dell'arma corazzata tedesca, che aveva stabilito i ruoli e le missioni degli equipaggi dei carri, regole valide sia per le unità corazzate dell'esercito sia per quelle della *Waffen SS*: il *comandante del carro* dirige il suo carro in combattimento. Egli cerca la posizione migliore per raggiungere il suo obiettivo e manovra nell'ambito del plotone, senza interferire con gli altri tre carri.

Ogni cambiamento di posizione deve essere controllato adeguatamente, considerando che il carro non può tirare in marcia. Deve tenere la testa fuori dalla torretta per vedere meglio e comandare meglio. (Questa disposizione, spiegava le perdite terribili tra i comandanti di carro).

L'*SS-Ustuf.* Kolodzy sul carro '122' (*Coll. Charles Trang*).

Il *puntatore* aiuta il suo comandante nell'osservazione del terreno. Apre il fuoco senza attendere l'ordine, se la situazione lo richiede. Deve anche valutare le distanze e scegliere i bersagli da colpire.

A sinistra, un *Pzkpfw.IV* della *Wiking* (*Collezione Giorgio Bussano*). A destra, operazioni di tinteggiatura per il carro 113. Alcuni carri arrivarono al fronte ancora color metallo e fu necessario dipingerli color sabbia (*Collezione Charles Trang*).

Il *caricatore* deve trovare presto il tipo di proiettile richiesto e sorvegliare il consumo delle munizioni, pronto a completare il rifornimento dai carri danneggiati.

L'*operatore radio* assicurava i collegamenti con il comandante di plotone. Era anche incaricato di servire la mitragliatrice di bordo e occuparsi di tenere a distanza la fanteria nemica. In caso di abbandono del veicolo in battaglia, è responsabile dei codici radio.

Il *pilota* doveva scegliere il percorso in funzione della posizione da raggiungere indicata dal suo comandante. Doveva evitare gli sbalzi per permettere la visuale al puntatore. Studia il terreno ed evita le mine. Ogni sosta deve essere sfruttata per osservare il paesaggio e verificare il consumo di carburante.

In breve, l'equipaggio doveva lavorare in perfetta simbiosi a bordo del *panzer*, come a bordo di una nave. Presso i carristi era totalmente valido il famoso motto: uno per tutti e tutti per uno. La loro missione non terminava con la fine del combattimento. La manutenzione del mezzo, il suo rifornimento in munizioni e carburante, il fastidioso e complicato cambio dei cingoli e del treno di rotolamento, tutto ciò, incombeva sugli uomini dell'equipaggio. I reparti corazzati raggiunsero la divisione *Wiking* alla fine di giugno, ad Amwrosijewska, sul fronte del Mius. Il 29 giugno, durante un'esercitazione rimase mortalmente ferito il comandante della seconda compagnia, l'*SS-Ostuf.* von Staden. Il comando della compagnia passò quindi all'*SS-Ostuf.* Flügel[5].

Giugno 1942: equipaggi e carri della *Wiking*, in addestramento. Si distingue in lontananza un *Pzkpfw.IV* a cannone corto (Collezione Giorgio Bussano).

Due *PzKpfw.III Ausf.J*, al riparo nelle foreste di Amwrosiewka (*Collezione Charles Trang*).

Un *PzKpfw.III Ausf.L* (*Collezione Charles Trang*).

I carri della *Wiking* nella steppa ucraina, estate 1942.

Gli ordini per la Wiking

All'inizio di luglio, giunsero gli ordini di marcia per la divisione *Wiking*. Il comandante Steiner iniziò quindi ad analizzarli insieme al suo capo di stato maggiore, l'*SS-Hstuf*. Erwin Reichel[6]. La divisione doveva raggiungere il 18 luglio, la regione a nord-est di Taganrog, sul Mar d'Azov e stabilire una testa di ponte al di là del Mius. Da qui, doveva proseguire in direzione di Rostov e conquistare la città. Caduta Rostov, le forze tedesche avrebbero avuto libero accesso a tutto il Caucaso occidentale. La marcia dei reparti della *Wiking* iniziò il 16 luglio 1942, verso sud, a nord-ovest di Taganrog. Malgrado tutti gli sforzi dei servizi logistici della divisione, si riuscì a 'motorizzare' solo i reparti del *'Germania'* e due battaglioni del *'Nordland'*. Il *'Westland'* ed il *III./Nordland*, si sarebbero ricongiunti alla divisione solo alla fine di luglio nell'area di Maikop. Con i reparti motorizzati disponibili, il comandante Steiner organizzò tre gruppi da combattimento, agli ordini di Fritz von Scholz, comandante del *Nordland*, Jürgen Wagner, comandante del *Germania* e Otto Gille, comandante del reggimento di artiglieria della *Wiking*. Proprio il *Kampgruppe* agli ordini dell'*SS-Obf.* Gille, doveva guidare l'attacco e a tal scopo fu rinforzato dal battaglione corazzato di Mühlenkamp, diventando a tutti gli effetti un *Panzergruppe*.

SS-Obf. **Fritz von Scholz.**

SS-Obf. **Jürgen Wagner.**

SS-Obf. **Otto Gille.**

L'*SS-Stubaf.* **Mühlenkamp.**

Il 19 luglio, i reparti della 17.*Armee*, riuscirono a sfondare le posizioni sovietiche ad ovest di Rostov, lanciando in avanti il *LVII.Panzer-Korps* a sinistra ed il *V.Armee-Korps* a destra in direzione del Don, tra le posizioni di Rostov e Batajsk. Il *LVII.Panzer-Korps*, agli ordini del generale Kirchner, comprendente la divisione *Wiking*, la 13.*Panzer-Division* e la divisione celere slovacca, puntò direttamente contro Rostov per tentare di conquistarla con un attacco a sorpresa. Contro Rostov, contemporaneamente si scagliò da nord, anche il *III.Panzer-Korps* del generale von Mackensen, comprendente la 14.*Panzer-Division* e la 22.*Panzer-Division*. Nel corso della serata del 21 luglio 1942, il battaglione corazzato della *Wiking*, iniziò a muoversi. I motori si accesero e i carri si misero in marcia uno dopo l'altro, al chiarore del crepuscolo d'estate. Per tutta la notte, più di cinquanta carri, avanzarono in direzione della testa di ponte di Ssambek, stabilita da una divisione di fanteria dell'esercito.

Un *Pzkpfw.IV* della *3.Kompanie* in marcia, estate 1942.

Dopo aver percorso circa una quarantina di chilometri, i *panzer* giunsero nei pressi del villaggio di Sultan-Saly. Qui, l'*SS-Stubaf.* Mühlenkamp ricevette l'ordine di attaccare a sud-ovest di questa località per poi continuare la marcia in direzione di Rostov. I *panzer* della *Wiking* iniziarono così la loro corsa verso il Don. Data la grande importanza strategica di Rostov, una posizione chiave all'imboccatura del fiume Don, i comandi sovietici avevano predisposto intorno alla città un formidabile anello difensivo, caratterizzato da una triplice linea fortificata, comprendente numerosi fossati anticarro, profondi tre metri e larghi sei metri, scavati grazie al lavoro di tutta la stessa popolazione civile di Rostov. I Tedeschi da parte loro, avevano dovuto abbandonare la città l'anno precedente ed ora, tornando ad attaccarla, si aspettavano di trovare sicuramente una forte resistenza.

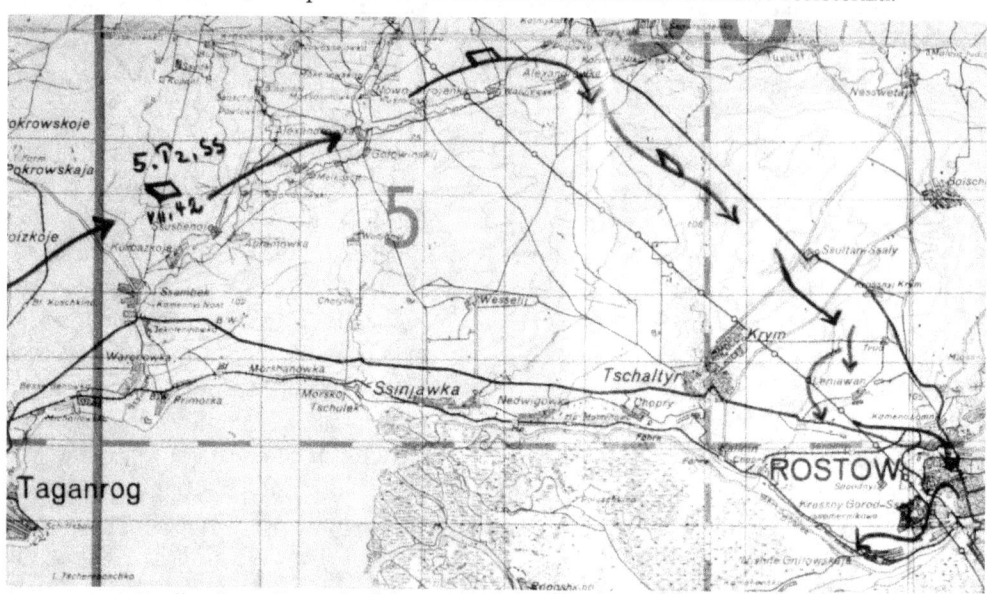

La direzione di marcia del *Panzer Abteilung* della *Wiking* verso Rostov.

Note

(1) Johannes Mühlenkamp, nato il 9 ottobre 1910 a Metz, SS-Nr. 86 065. In precedenza aveva servito nel *I./Sta. 'Germania'*, al comando della *15./Germania* e dell'*SS-Aufkl.Abt. 'Wiking'*.

(2) Günter Schnabel, nato il 26 settembre 1916 a Rossberg, SS-Nr. 269 775. In precedenza aveva servito nel *IV./Sta. 'Deutschland'* e nell'*SS-Kradsch.Btl. 'Reich'*.

(3) Theodor von Staden, nato il 22 ottobre 1913, SS-Nr. 269 791. In precedenza aveva servito nel *I./Sta. 'Der Führer'*, nella *15./Der Führer* e al comando della *1.Kp./Der Führer*.

14

La SS-Division Wiking nel Caucaso: 1942-1943

(4) Fritz Darges, nato l'8 febbraio 1913 a Düselberg, SS-Nr. 72 222. In precedenza aveva servito nel *II./Germania* e al comando della *7./Deutschland*.

(5) Hans Flügel, nato il 13 febbraio 1919 ad Arzberg, SS-Nr. 287 016. In precedenza aveva servito nella *8./Standarte 'Deutschland'* e come aiutante nell'*SS-Aufklärungs-Abteilung 'Reich'*.

(6) Erwin Reichel, nato l'11 marzo 1911, SS-Nr. 202 295.

Un osservatore dell'*SS-Art.-Rgt. 'Wiking'*, estate 1942.

Un *Pzkpfw.III* della *Wiking* in marcia.

Un pezzo anticarro da 50mm della *Wiking*.

Panzer della *Wiking*, 1942.

Il carro comando del comandante del battaglione.

La marcia verso Rostov

L'*SS-Ostuf*. Ewald Klapdor[1], uno dei comandanti di plotone della prima compagnia del battaglione corazzato della *Wiking*, faceva parte della prima ondata d'assalto. Il 21 luglio, dopo che i reparti di fanteria erano riusciti a penetrare il fronte difensivo sovietico a nord di Taganrog, le formazioni corazzate ricevettero l'ordine di sfruttare questo successo. I *panzer* della *Wiking* si misero in marcia nella notte tra il 21 ed il 22 luglio, per raggiungere le loro posizioni per l'attacco, superando fossati ed ostacoli anticarro, grazie al grande lavoro dei pionieri tedeschi. Tutti i comandanti di carro, con il busto fuori dalla torretta, tentavano di controllare la posizione dei loro camerati al chiarore di quella notte d'estate. Ovunque c'erano ostacoli anticarro. Tutto il settore, sembrava essere stato organizzato per bloccare un attacco di carri.

Colonna corazzata della *Wiking* in marcia.

In torretta, l'*SS-Oscha*. Eilers della 2.*Kompanie*.

Panzer della *Wiking* lanciati all'attacco.

Un *Pzkpfw.III* della *Wiking*, 1942.

Raggiunta la parte sud-occidentale di Sultan-Saly, i *panzer* presero posizione dietro un'altura, per proteggersi dai tiri dell'artiglieria sovietica. Giunse poco dopo l'ordine di prepararsi all'attacco: i comandanti di carro rientrarono nelle loro torrette, chiusero le botole e ordinarono di accendere i motori. Dopo aver assunto la classica formazione da combattimento a forma di 'W', mossero verso la sommità dell'altura, dove si erano nascosti alla vista del nemico. Il terreno molto irregolare faceva sobbalzare i carri e gli stessi equipaggi a bordo. Nel frattempo, le prime luci dell'alba avevano rischiarato completamente il campo di battaglia. L'*SS-Ostuf.* Klapdor, comunicò via radio con il suo comandante di compagnia, l'*SS-Ostuf.* Günter Schnabel, per riferirgli che tutto procedeva bene: "*...buona visibilità, nessun ostacolo in vista!*". Dopo aver percorso pochi metri tuttavia, Klapdor fu costretto a fermarsi bruscamente: la strada era sbarrata da un campo minato.

Un *Pzkpfw.III* del terzo plotone della *1.Kp./SS-Pz.Abt. 'Wiking'*, bloccato dopo essere finito in una buca (*Collezione Charles Trang*).

Panzer della *Wiking* superano una postazione nemica.

All'improvviso un'esplosione, il carro sembrò sollevarsi dal suolo. Il *panzer* di Klapdor era finito su una mina ed il suo operatore radio era rimasto gravemente ferito: nessun collegamento radio e nessuno a servire la mitragliatrice di bordo se la fanteria nemica avesse attaccato. L'*SS-Ostuf.* Klapdor comprese subito che la situazione era grave. Attraverso l'iposcopio, l'*SS-Obersturmführer* iniziò allora a scrutare il terreno intorno per individuare la posizione dei pezzi anticarro sovietici, che nel frattempo avevano iniziato a fare fuoco contro i carri tedeschi. Qualche *panzer* rispose al fuoco riuscendo a distruggere qualche pezzo nemico.

Carri della *Wiking*, sotto il fuoco anticarro dei sovietici.

Un *Pzkpfw.III* della 2.*Kompanie* e fanti della *Wiking*.

Soldati del *Kampfgruppe Dieckmann* in prossimità del primo fossato anticarro, impegnati a individuare le posizioni difensive sovietiche.

Il pilota non perse il suo sangue freddo; non poteva fare grandi cose per l'operatore radio che gli gemeva accanto, quindi concentrò tutta la sua attenzione nella guida del carro. Doveva evitare i sobbalzi, per permettere al puntatore di inquadrare e distruggere i pezzi anticarro sovietici. I carri lentamente, uscirono dal campo minato, senza provocare altre esplosioni. L'*SS-Ostuf.* Klapdor lanciò un colpo d'occhio sulla sua sinistra e sulla sua destra, tutto sembrava procedere bene. Gli altri tre *panzer* del suo plotone avevano superato l'ostacolo senza subire danni, l'attacco poté proseguire. Improvvisamente il suo carro sobbalzò violentemente in avanti. I membri dell'equipaggio urtarono violentemente contro il telaio interno. Poi, il mezzo si immobilizzò completamente. Malgrado gli sforzi del pilota, il carro non si muoveva più, il motore ruggiva ma niente riusciva ad estrarre la massa d'acciaio dalla sua prigione. Dopo essere stato immobilizzato, il carro di Klapdor finì subito sotto il fuoco delle armi pesanti dei sovietici: i proiettili sparati dalle mitragliatrici risuonavano come grandine sulla cassa del mezzo, facendo vibrare l'interno del carro. La torretta si era immobilizzata quando il *panzer* era caduto nel fossato. L'operatore radio era ferito e non poteva servire la mitragliatrice di bordo. Dall'iposcopio non si vedeva nulla, tranne la terra davanti e il cielo dietro. Klapdor udiva i rumori della battaglia, segno che la marcia degli altri carri era proseguita in direzione di Rostov.

Soldati del *Kampfgruppe Dieckmann* nei pressi del fossato.

Decise allora di uscire dal carro per vedere cosa stesse succedendo: aprì la botola della torretta e saltò fuori, marcando l'azione con una serie di altisonanti bestemmie. Fu solo allora che si accorse che il suo carro era finito in un fosso anticarro ben mimetizzato e la caduta era stata così brutale che il cannone era penetrato nel terreno. Come uscire di là?

Mentre gli altri membri dell'equipaggio prestavano soccorso all'operatore radio, Klapdor riuscì a fermare uno dei carri della *Wiking* della seconda ondata dell'attacco, per farsi tirare fuori dal fossato con l'aiuto di un cavo d'acciaio. Quando finalmente il suo carro fu nuovamente in posizione orizzontale, l'equipaggio rimise a posto la torretta ed il cannone, riprendendo rapidamente la marcia. Klapdor era impaziente di raggiungere la prima ondata d'assalto e riprendere il suo posto alla testa del plotone. Andando alla massima velocità possibile, il suo *panzer* riuscì a guadagnare il terreno perduto, dirigendosi verso il grande fossato anticarro che doveva essere superato a qualunque costo.

Soldati del *Kampfgruppe Dieckmann*.

I pionieri d'assalto in azione

Giunti sui bordi del fossato anticarro, i *panzer* del Battaglione di Mühlenkamp, iniziarono a cannoneggiare le posizioni sovietiche sull'altra sponda del fossato. Poco dopo, giunsero i pionieri d'assalto, a bordo delle loro *volkswagen*, cariche di esplosivi e di tutto il materiale necessario per tentare di superare le tre cinture difensive nemiche. I pionieri ricevettero l'ordine di portarsi verso i *panzer* di testa e di aprire loro la strada. Le loro vetture passarono in mezzo ai carri, muovendosi continuamente per evitare i colpi delle armi pesanti del nemico. Dopo aver superato un campo minato, discesero sul fondo della gigantesca trincea anticarro. Il fuoco dei *panzer* copriva il loro lavoro. Rapidamente i genieri piazzarono le loro cariche esplosive per far saltare i fianchi vivi della trincea ed aprire un passaggio per i carri di Mühlenkamp. Una compagnia di granatieri giunse per compiere il balzo sull'altra sponda. Le SS del Battaglione d'assalto di Dieckmann del *'Germania'* saltarono nella trincea e la scalarono, giungendo sulla sua sponda orientale, stabilendo una prima testa di ponte. I pionieri erano riusciti a stabilire una sorta di rampa nel fossato, che però non tenne molto, visto che la terra smossa dalle esplosioni franò subito dopo.

Pionieri al lavoro per riuscire a permettere il passaggio dei carri, luglio 1942.

Pionieri SS impegnati a livellare il terreno del primo fossato anticarro sovietico.

Soldati SS al riparo di un fossato, in attesa dell'attacco.

I pionieri della *Waffen SS* chiesero allora l'intervento dei reparti del genio della *Luftwaffe*, le cui rampe erano sicuramente più resistenti, essendo utilizzate per creare piste di atterraggio in qualsiasi posto ed in qualsiasi condizione del terreno.

il *PzKpfw.III Ausf.J* della *1.Panzerkompanie* supera a sua volta il fossato, aiutato dai pionieri. In torretta, l'*SS-Ostuf. Ewald Klapdor.*

Un *Pzkpfw.III Ausf.J* del *II.Zug* della *1.Panzer-Kompanie* attraversa il fossato aiutato dai pionieri.

I pionieri della *Luftwaffe* arrivarono subito dopo, erano abituati a lavorare in prima linea; iniziarono a trasportare a braccia dei tronchi d'albero e delle travi. I volontari germanici vennero ad ammirare come spettatori interessati il loro formidabile lavoro: uno strato di travi di legno, uno di terra, un nuovo strato di travi ed un nuovo strato di terra. Il fondo della trincea fu così poco a poco riempito. Uno dei *panzer* di Mühlenkamp provò subito ad attraversare: appena discese il pendio, basculò in avanti, facendo crollare la metà delle fondazioni, che non ressero al suo peso. Il carro riuscì a malapena a fare dietrofront, ritornando sull'altro versante, non senza sollevare un gran polverone. I pionieri della *Luftwaffe* ritornarono quindi al lavoro, aiutati dai loro camerati della *Waffen SS*, ricostruendo il passaggio, questa volta in modo più solido. I campi di mine erano stati ripuliti da una parte all'altra del fossato e i *Panzer* alla fine, riuscirono ad attraversare l'ostacolo, uno dopo l'altro, sempre aiutati dai pionieri tedeschi, che pale alla mano, riempivano di volta in volta, le buche che si aprivano lungo il passaggio. Una volta sulla sponda orientale della barriera, i reparti si raggrupparono, prima di lanciarsi all'inseguimento delle forze nemiche, alzando un'immensa nuvola di fumo e di polvere. Dopo aver superato la prima linea difensiva sovietica, le truppe d'assalto tedesche non tardarono ad incontrarne una seconda. Questa volta però i pionieri, forti dell'esperienza acquisita, riuscirono in poco tempo a costruire un passaggio per i reparti. A torso nudo, grondanti di sudore, i pionieri si misero all'opera, mentre i carristi impazienti, aspettavano fumando sigarette su sigarette, stretti nelle loro uniformi nere. Anche allo stato maggiore della divisione erano impazienti; l'ordine era di proseguire a tutta velocità in direzione di Rostov. Una gigantesca gara di velocità era scattata tra i Tedeschi ed i Sovietici. Questi ultimi erano in forte difficoltà, dopo la caduta delle prime due barriere anticarro.

L'*SS-Ostuf*. Pförtner, *Kdr 2./Germania* e l'*SS-Stubaf*. Dieckmann.   Il carro '122' in marcia.

Il *PzKpfw.III* dell'*SS-Ustuf*. Max Kolodziy durante il passaggio del *fossato*.

Un'altra foto del PzKpfw.III di Klapdor durante il passaggio.

Un *PzKpfw.III* in marcia.

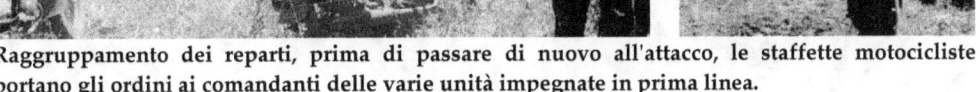

Raggruppamento dei reparti, prima di passare di nuovo all'attacco, le staffette motocicliste portano gli ordini ai comandanti delle varie unità impegnate in prima linea.

Elementi del *Kampfgruppe Dieckmann*, carri, semicingolati e moto, fermi nella steppa ucraina, nell'attesa che i bombardieri in picchiata *Stukas* colpiscano le posizioni sovietiche della seconda linea difensiva, prima di lanciarsi al loro assalto.

Il carro comando (*Befehlspanzer*) dell'*SS-Stubaf*. Mühlenkamp sul campo di battaglia. Alla sua sinistra, l'*SS-Stubaf*. Dieckmann.

Da sinistra, l'*SS-Stubaf*. Mühlenkamp, l'*SS-Ostuf*. Reinecke e Dieckmann (NA).

Un sottufficiale della *Wiking* impegnato a dirigere i carri verso la giusta direzione.

SS-Panzermänner, saliti sulla torretta dei loro carri per avere una migliore visione all'orizzonte, durante una sosta, nel corso dell'avanzata verso le posizioni nemiche.

Il carro dell'*SS-Stubaf*. Mühlenkamp ad altri carri.   Fanti SS in marcia, estate 1942.

Un *PzKpfw.III* della 2.*Kp./SS-Pz.Abt. 'Wiking'*, supera una posizione difensiva nemica distrutta.

Pionieri della 2.*Kp./SS-Pi.Btl.*5 al lavoro sul secondo fossato.

Un *PzKpfw.III* della *Wiking*.

PzKpfw.III dell'*SS-Ustuf.* Nicolussi-Leck, comandante di plotone nella 2.*Kp.*

Panzer all'attacco

I *panzer* tedeschi continuarono ad avanzare nella steppa ucraina, proseguendo la marcia verso Rostov. Ogni tanto, qualche tiro dell'artiglieria sovietica esplodeva tra i carri, ma nessuno faceva attenzione a questi colpi, inefficaci contro le corazze dei loro *panzer*. In testa, c'era sempre la *1.Kompanie* di *Pzkpfw.III* dell'*SS-Ostuf.* Schnabel. Seguiva, a protezione della prima, la *2.Kompanie* dell'*SS-Ostuf.* von Staden. L'*SS-Stubaf.* Mühlenkamp aveva lanciato all'avanguardia queste due ondate di una trentina di carri, che non cessavano di appoggiarsi a vicenda. I carri di Schnabel furono impegnati ad eliminare gli ultimi nidi di resistenza, postazioni di mitragliatrici e pezzi anticarro, distruggendoli sistematicamente uno dopo l'altro, con i loro pezzi da 50 mm. Tutto continuò a procedere per il meglio: i *panzer* marciavano, si fermavano per sparare, ripartivano. Le posizioni difensive nemiche furono distrutte così, una dopo l'altra.

Un *PzKpfw.III* della *Wiking*, avanza nella steppa ucraina, carico di fanti, estate 1942.

Un altro *PzKpfw.III* della *2.Panzer-Kompanie*, con fanti della *Wiking* a bordo.

PzKpfw.III del *Kampfgruppe Dieckmann* della *Wiking* in marcia nella steppa ucraina.

Un *PzKpfw.II* della 3.Kp.

L'equipaggio del carro '225' si disseta durante una pausa.

Fanti della *Wiking* a bordo dei *panzer* (NA).

Il carro dell'*SS-Ostuf.* Schnabel era in retroguardia, impegnato a rastrellare l'area; il comandante della 1.*Kompanie* non si accorse che un pezzo anticarro nemico lo aveva puntato. Poco dopo i Sovietici fecero fuoco, colpendo il *panzer* SS in pieno. L'equipaggio del carro riuscì miracolosamente ad uscire in tempo dal mezzo in fiamme. Anche l'*SS-Ostuf.* Schnabel uscì vivo da quel tremendo impatto, riportando qualche leggera contusione e ferite superficiali. Il suo *panzer* finì invece distrutto. Verso sera, l'*SS-Stubaf.* Mühlenkamp intravide all'orizzonte le case e le fabbriche di Rostov; delle grosse nubi di fumo avvolgevano la città. Durante la notte, i suoi *panzer* furono riforniti di carburante e munizioni. Il Battaglione corazzato della *Wiking* era riuscito a superare solo due delle tre linee difensive che proteggevano Rostov; era stato conquistato l'aeroporto di Leninavan ed i reparti avevano raggiunto una nuova posizione d'attacco, a nord-ovest di Sapadny. Da lì, l'indomani sarebbe stato lanciato l'attacco contro Rostov.

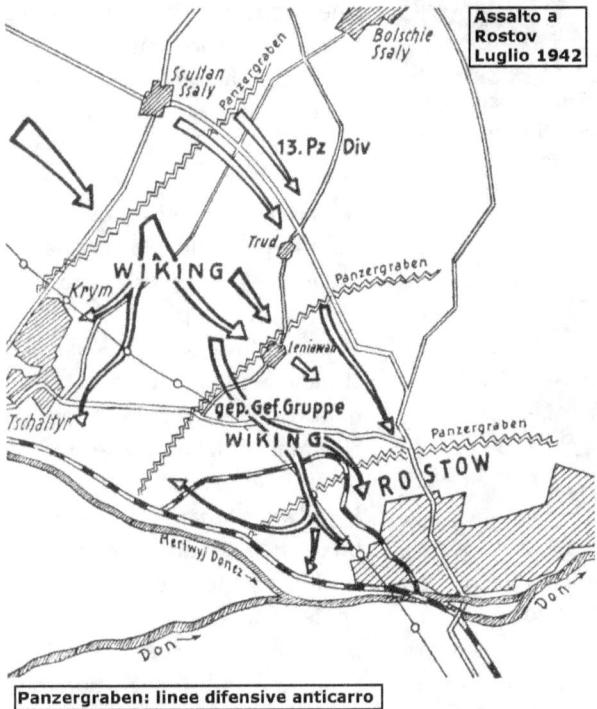

Mappa di avvicinamento dei reparti a Rostov.

Un *PzKpfw.III* della *Wiking*.

L'*SS-Stubaf.* Mühlenkamp.

Pionieri e alcuni carristi SS, impegnati a scavare.

29

L'*SS-Stubaf*. **Mühlenkamp in camicia bianca, insieme agli equipaggi dei carri, attende che i pionieri SS completino il passaggio del terzo fossato** (*Collezione Charles Trang*).

Un *Marder II* **della** *3.Kp./SS-Pz.Jg.Abt. 'Wiking'*, **con fogliame mimetico, supera un fossato anticarro.**

Graduati di un reparto di fanteria della *Wiking*, **pronti a dare l'ordine di attacco ai loro soldati.**

L'*SS-Stubaf*. Mühlenkamp si augurava soltanto che sarebbe continuata la proficua collaborazione tra i suoi carristi ed i pionieri d'assalto, per poter superare di slancio anche l'ultima linea difensiva sovietica. I campi minati e i fossati anticarro erano stati superati per due volte. I due terzi della missione erano stati compiuti, ma forse la parte più difficile doveva ancora arrivare. Man mano che le forze tedesche si avvicinavano a Rostov, la resistenza sovietica diventava sempre più forte. All'alba del 23 luglio, i *panzer* mossero all'attacco: il plotone dell'*SS-Ustuf*. Wilde[2], della *1.Kompanie*, si lanciò in avanti con i suoi quattro *Pzkpfw.III*. I cannoni da 50 mm iniziarono subito a colpire le posizioni sovietiche. L'*SS-Untersturmführer* attaccò una batteria di artiglieria nemica comprendente sei cannoni, annientandola pezzo dopo pezzo, aprendo così la strada ai suoi camerati, che poterono infine proseguire in avanti senza cadere sotto il fuoco anticarro. Wilde riuscì a far saltare il fulcro della resistenza nemica sulla strada per Rostov. I *panzer* della *Wiking* giunsero così davanti alla terza ed ultima trincea anticarro. Questa volta i Sovietici avevano completato l'opera con dei binari piantati nel cemento. Fu necessario farli saltare con l'esplosivo, per poter proseguire la marcia. I *panzer* ed i granatieri del battaglione d'assalto di Dieckmann, avanzarono sotto il fuoco di protezione dell'aviazione e dell'artiglieria.

Carri del *Kampfgruppe Dieckmann* in marcia verso Rostov
(Collezione *Charles Trang*).

Carri della *Wiking* alla periferia di Rostov (*C. Trang*).

Carri e motociclisti della *Wiking* penetrano dentro Rostov
(Collezione *Charles Trang*).

Con questa formidabile potenza di fuoco i Tedeschi riuscirono a travolgere ogni resistenza del nemico. I Battaglioni *Stoffers* e *Polewacz* del *'Nordland'* seguirono la massa corazzata senza incontrare molta resistenza. I Sovietici si giocavano la loro ultima carta nella difesa di Rostov, ma nulla poterono contro l'attacco dei *panzer* e dei fanti tedeschi, che ormai sapevano combattere bene insieme, in perfetta sinergia. L'ultimo ostacolo fu superato di slancio. Nel primo pomeriggio, il battaglione corazzato era pronto ad entrare nella città sul Don, la resistenza sovietica sembrava a quel punto definitivamente spezzata. Ovunque c'erano fiamme e incendi. La città, ancora lontana, sembrava deserta, come pietrificata nel fumo e nella cenere. Con molta precauzione, con le botole ben chiuse, i corazzati di Mühlenkamp entrarono nei sobborghi della città, dove già si stavano battendo i reparti di una divisione corazzata della *Wehrmacht*, provenienti da un altro settore. Si udivano rumori di combattimenti provenire dalla sponda meridionale del Don che si divideva in numerosi bracci, tra i quali si estendevano delle pianure paludose. I carristi si accorsero subito che le strade erano bloccate da barricate, quindi rischiavano di ritrovarsi invischiati in combattimenti ravvicinati, sempre difficili e mortali per le formazioni corazzate. *"Tentiamo di raggiungere la riva del Don a sud della città"*, ordinò Mühlenkamp ai suoi uomini. Mentre i *panzer* si sottraevano ai combattimenti urbani, i granatieri del *'Germania'* si impegnarono nella conquista della città casa per casa; cannoni e mitragliatrici si installarono agli incroci. Nello stesso tempo in cui venivano ridotte al silenzio le ultime sacche di resistenza nella città, un aereo tedesco sorvolò l'area lanciando un messaggio: colonne sovietiche, in ripiegamento da ovest, tentano di raggiungere i sobborghi occidentali di Rostov. *"Tentano di attraversare il Don e sfuggirci!"*, esclamò Mühlenkamp. Il comandante del Battaglione corazzato della *Wiking*, non riceveva più ordini da tempo e le comunicazioni con lo Stato Maggiore della divisione erano ormai saltate. Inviò comunque un messaggio, malgrado non fosse sicuro della sua ricezione: *"…vado a tentare di raggiungere le rive del Don e mi batterò lungo il fiume!"*. Rostov era in fiamme. I granatieri della *1.Kompanie* dell'SS-*Hstuf*. Hans Dorr[3] del battaglione di Dieckmann, arrivarono nella città e trovarono tutti i ponti distrutti.

Fanti e carri della *Wiking*.

Uno *s.IG33* della *13./Germania* alla periferia di Rostov.

Un *Pz.III Ausf. J* della *2.Pz.-Kompanie* dentro Rostov.

Né la fanteria né i carri, potevano passare sulla riva meridionale del fiume, quindi si impegnarono a stabilire il controllo totale lungo tutta la sponda settentrionale, nell'attesa che i pionieri potessero costruire dei passaggi. I *panzer* attaccarono in direzione della borgata di Kalinine, consentendo ad una divisione di fanteria della *Wehrmacht* di completare la conquista della città. I sovietici continuarono a battersi ferocemente, soprattutto i membri delle fanatiche milizie dell'NKVD[4], la terribile polizia segreta di Stalin. Questi reparti speciali erano stati particolarmente addestrati alla guerriglia urbana e diedero notevole filo da torcere al nemico. I combattimenti nel centro della città continuarono con maggiore violenza anche il giorno dopo, con le truppe dell'*NKVD* impegnate a difendere disperatamente i palazzi del potere, trasformati in vere e proprie fortezze. Quando poi si trattò di difendere il loro quartier generale, la lotta fu così accanita, al punto che si fecero ammazzare tutti fino all'ultimo, pur di non arrendersi. Eliminati i centri di resistenza maggiori, i granatieri della *Wiking* continuarono ad essere impegnati nel rastrellare i quartieri della città per annientare completamente i reparti nemici che ancora si battevano.

Il carro *'311'* dell'*SS-Ustuf.* Rolf Dedelow, in appoggio al *I./Germania*, durante i rastrellamenti sulla sponda settentrionale del Don, nei sobborghi occidentali di Rostov (*Charles Trang*).

Alla fine, fu necessario l'intervento massiccio della *Luftwaffe*, con i suoi bombardamenti a tappeto sui quartieri che ancora 'resistevano', per eliminare gli ultimi focolai di resistenza nella città. Solo a quel punto, Rostov cadde definitivamente nelle mani delle forze armate tedesche. La città non rappresentava solo un'importante porto ed un centro vitale per le comunicazioni stradali e ferroviarie, Rostov era la porta stessa del Caucaso.

Note

[1] Ewald Klapdor, nato il 20 marzo 1916 a Drensteinfurt, SS-Nr. 292 890. In precedenza aveva servito nella *15./Sta. 'Germania'*, nella *1./SS-Tot.Aufkl.Abt.* e al comando della *15./Nordland*.

[2] Hans Wilde, nato il 22 agosto 1921 ad Amburgo, SS-Nr. 423 849. In precedenza aveva servito nell'*SS-Aufkl.Abt. 'Wiking'* e nella divisione SS *'Das Reich'*.

[3] Hans Dorr nacque il 7 aprile 1912, a Sontheim nell'Allgäu. Nell'ottobre 1934, entrò nelle SS come uno dei primi membri della *SS-Standarte Deutschland* (SS-Nr. 77 360). Nei successivi quattro anni, Dorr servì come soldato e poi come sottufficiale, prima di essere inviato alla *SS-Junkerschule* di Bad Tölz nell'autunno del 1938, dalla quale ne uscì con il grado di *SS-Untersturmführer*. Durante la campagna polacca nel 1939 e la campagna all'ovest nel 1940, Dorr servì come comandante di plotone nel Reggimento SS *Germania* della *SS-Verfügungs Division* di Paul Hausser, meritandosi entrambi le classi della Croce di Ferro. Nel novembre del 1940, fu trasferito al comando della prima compagnia sempre dello stesso reggimento *Germania*, unità in cui resterà fino al termine della guerra, prima come comandante del I° battaglione, all'inizio del 1943 e poi dell'intero reggimento.

[4] *Narodnyj Komissariat Vnutrennich Del*, letteralmente Commissariato del popolo per gli affari interni.

Verso il Caucaso

Caduta la città di Rostov, superato il fiume Don, le forze tedesche del Gruppo di Armate A si lanciarono in una fantastica gara di velocità, attraverso la steppa, per non dare tempo alle forze sovietiche di organizzare la difesa dei territori del Caucaso, trincerandosi sul fiume Kuban. A tal scopo, furono lanciati attacchi in profondità per accerchiare e distruggere le forze sovietiche sfuggite oltre il Don, a sud e a sud-est di Rostov. Ma i Sovietici si erano fatti più agguerriti e decisero di sfruttare il loro migliore alleato, lo spazio infinito delle steppe orientali. Il paese era così vasto, da rendere impossibile il controllo di tutti i territori conquistati.

Il carro dell'*SS-Stubaf.* Mühlenkamp, a sinistra, sulle colline ad ovest di Rostov, seguito dal carro '122', a destra (*Collezione CharlesTrang*).

L'*SS-Gruppenführer* Felix Steiner su una postazione difensiva.

La risposta tedesca fu semplice: andare avanti, sempre più lontano e il più rapidamente possibile, travolgere la resistenza nemica, attraversare i villaggi, infiltrarsi tra le linee nemiche come frecce. Per l'*SS-Gruppenführer* Felix Steiner, come per tutti gli altri generali lanciati nella folle corsa, tutto appariva semplice. Come spiegò lo stesso Steiner al suo capo di stato maggiore Reichel: *"...dobbiamo conquistare un mezzo migliaio di chilometri nella steppa e poi ci sarà il Caucaso"*. Si trattava nella realtà di un obiettivo gigantesco, dal Mar Nero al Mar Caspio, una delle catene montuose più grandi del mondo, cerniera tra l'Europa e l'Asia. Da parte loro, i Sovietici non erano disposti a lasciare la strada delle montagne aperta al nemico: ogni fiume, ogni corso d'acqua, fu trasformato in una linea difensiva dove ancorare la resistenza. Con pochi soldati coraggiosi, che non mancavano certo nell'armata rossa, si potevano fermare intere compagnie nemiche. La marcia verso sud del Gruppo Armate A, iniziò con la conquista della regione costiera lungo il Mar Nero: furono particolarmente impegnati per questo obiettivo, i reparti motorizzati della *1.Panzer-Armee* lungo la direttrice Armavir-Maikop, mentre l'Armata di Ruoff, con il *LVII.Panzer-Korps* del generale Kirchner, iniziò a spingersi lungo la direttrice Novorossisk-Tuapse, con l'obiettivo di raggiungere Batumi.

Panzer della *Wiking* impegnati a superare un nuovo fossato anticarro a sud di Rostov, con l'aiuto dei pionieri (*Collezione Charles Trang*).

Soldati della *Wiking*.

Al *XXXXIX.Gebirgs-Armee-Korps* del generale Konrad, fu invece ordinato di compiere un'ampia manovra aggirante attraverso i valichi sulle montagne caucasiche, con l'obiettivo di raggiungere le località di Tuapse e Sukumi. Felix Steiner si rese subito conto che la sua divisione di volontari germanici si era addentrata in un mondo nuovo. La divisione *Wiking* lasciò l'Europa per l'Asia, proseguendo lungo il corso del fiume Manytsch, che segnava la frontiera tra i due continenti. Il primo obiettivo era quello di conquistare la posizione di Bataisk, lungo la riva meridonale del fiume Don, creare una testa di ponte da dove poter lanciare una nuova puntata offensiva. Il tempo era bellissimo, il sole bruciava tutto. Le colonne si trascinavano di pozzo in pozzo, come i nomadi nel deserto. I soldati SS avevano appeso i loro caschi d'acciaio al cinturone, creandosi un nuovo tipo di copricapo, simile a quello dei cacciatori da montagna, ma con la stessa stoffa delle loro giacche mimetiche da combattimento reversibili. *Panzer*, camion, motociclette, attraversarono il grande fiume, giungendo fino a Bataisk. La dissenteria iniziò a fare molte vittime, la guerra dopotutto non era solo gloria e sangue, ma anche fango e miseria.

Elementi del *Gefechtsgruppe Gille*, durante una sosta. In primo piano, il carro comando dell'*SS-Stubaf*. Mühlenkamp, con la bandiera (*Collezione Charles Trang*).

Stessa scena, con l'arrivo dell'auto di Steiner, vicino agli ufficiali.

Il 28 luglio 1942, verso le nove di sera, gli elementi avanzati della *Wiking*, sempre guidati da Mühlenkamp e da Dieckmann, incontrarono una forte resistenza nemica nei pressi di Kagalnizkaja, a sud-est di Rostov. Un reparto sovietico lasciato in retroguardia, sembrava ben deciso a farsi massacrare sul posto pur di ritardare l'avanzata nemica e dare tempo ai reparti amici di ripiegare verso il Kuban. Per tutta la notte, l'artiglieria tedesca colpì le posizioni nemiche e all'alba del 29 luglio, la marcia poté riprendere. I soldati della *Waffen SS* videro passare davanti a loro i *panzer* della *13.Panzer-Division* che avevano ricevuto l'ordine di proseguire verso est e conquistare Ssalsk, alle porte dell'Asia. I volontari germanici dovevano invece continuarono a marciare verso sud, in direzione del Kuban.

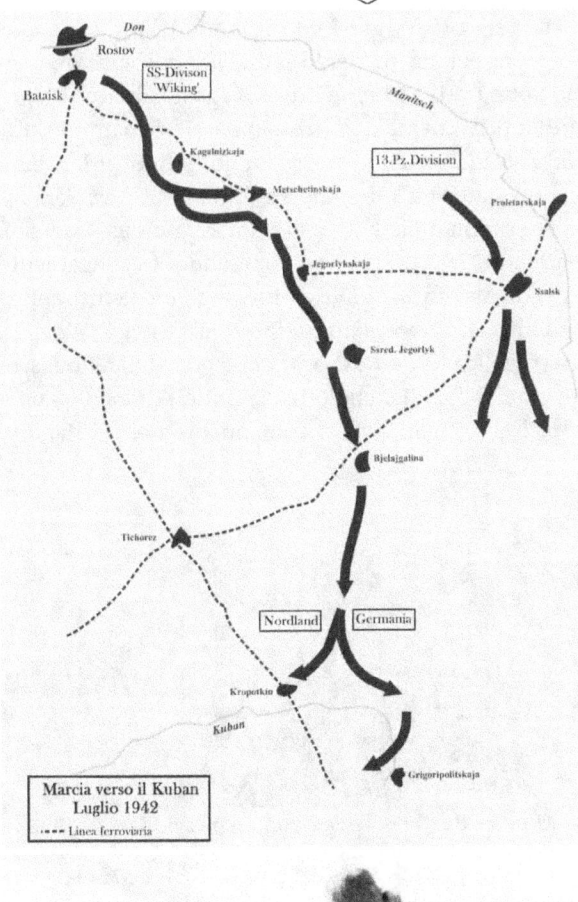

Marcia verso il Kuban
Luglio 1942
▪▪▪ Linea ferroviaria

In marcia verso l'Asia

Il paesaggio cambiò rapidamente, ormai quella non era più l'Ucraina, ma un mondo strano, dove gli abitanti avevano i capelli scuri e ridevano sonoramente. I villaggi erano piacevoli e fioriti, i campi erano rossi o gialli: pomodori o mais. L'assalto delle forze tedesche coincise con la stagione della maturazione dei frutti. Carri e camion marciarono tra alberi di pere e mele. I frutti erano enormi, pieni di succo e di sole. I soldati ne fecero grandi scorpacciate, fino ad ingozzarsi. Per il comandante Steiner però, quella non era una gita di piacere: arrivare prima possibile al fiume Kuban era diventata per lui quasi un'ossessione. A tal scopo, spingeva i suoi battaglioni in avanti, ordinandogli di rispettare scrupolosamente i tabellini di marcia. *Panzer* e *Stukas* misero a punto una nuova tattica di attacco, che fece saltare una dopo l'altra, le posizioni difensive sovietiche. I reparti della *Wiking*, secondo i rapporti della ricognizione aerea, stavano però avanzando in mezzo ad una massa di truppe nemiche che battevano in ritirata. Ma ormai, era già troppo tardi per arrivare al Kuban prima dei Sovietici. Dopo una lunga marcia nella notte, tra il 28 ed il 29 luglio, il *Panzergruppe* della *Wiking*,

Esploratori avanzati della *Wiking*, osservano l'orizzonte.

comprendente sempre i *panzer* di Mühlenkamp ed i granatieri di Dieckmann, conquistò la posizione di Metchetinskaja. La marcia riprese quindi verso sud-est, fino a Jegorlykskaja, altra posizione fortemente difesa dai reparti sovietici. Intervenne anche il *Kampfgruppe von Scholz*, agli ordini del comandante del Reggimento *Nordland*, l'*SS-Obf*. Fritz von Scholz, mentre il *Westland* era ancora in marcia per congiungersi con il resto della divisione. I *panzer* di Mühlenkamp proseguirono in direzione di Ssred-Jergolyk: qui subirono un contrattacco lanciato dai Sovietici nella notte tra il 31 luglio ed il 1° agosto, attacco che fu respinto dai reparti SS con pesanti perdite per il nemico. Il prossimo obiettivo era Bjelaja-Glina (Bjelajgalina), un importante nodo stradale e ferroviario, lungo la linea ferroviaria Tichorez-Ssalsk, che doveva essere conquistato. La missione fu affidata al *Kampfgruppe Gille*, che giunse con i suoi cannoni alla periferia della città, nel pomeriggio del 1° agosto. Nello stesso tempo, i *panzer* aggirarono la posizione da ovest, operando il collegamento con il battaglione di Dieckmann proveniente da sud-ovest, per tagliare la ritirata al nemico, mentre gli altri due battaglioni del *Germania* guidati dall'*SS-Staf.* Wagner, attaccarono frontalmente. La resistenza sovietica fu quindi sopraffatta ed i soldati tedeschi furono accolti calorosamente dalla popolazione civile, che offrì secondo l'usanza, pane e sale. Durante questi scontri, l'*SS-Stubaf.* Karl Schlamelcher, comandante del *III./Art.Rgt.* rimase gravemente ferito alla testa[1].

Karl Schlamelcher.

Elementi della *1.Kp./SS-Pz.Abt. 'Wiking'* con un pezzo *Flak* da 20mm.

Equipaggio del carro dell'*SS-Ustuf.* Karl Hübner, *ZugFührer* nella *1.Kp./SS-Pz.Abt. 'Wiking'*, durante una sosta (*C. Trang*).

Fronte del Kuban

Il 4 agosto 1942, le forze tedesche giunsero sulle rive del Kuban: non si trattava solo di un fiume, ma di numerosi corsi d'acqua tumultuosi che discendevano dalle montagne del Caucaso, che si intrecciavano e che rendevano impossibile il passaggio. I Tedeschi non erano riusciti ancora a trovare un ponte intatto. L'*SS-Gruf.* Steiner ricevette i suoi ordini. Doveva attraversare il fiume in due punti: da una parte, doveva conquistare la città di Kroptokin, a venticinque chilometri dalle avanguardie della divisione, che con un vasto movimento aggirante stavano marciano verso ovest già da qualche giorno. Dall'altra parte, si doveva attraversare il Kuban più ad est, all'altezza di Grigori-Politskaja.

Un *Marder II* della *3.Kp./SS-Pz.Jg.Abt. 'Wiking'*, armato con un cannone anticarro russo *F-22*. A sinistra, un *Pz.III*.

Un reparto di fanteria della *Wiking* in marcia sul fronte del Kuban, estate 1942.

Pionieri SS impegnati a costruire un ponte su un corso d'acqua (*Collezione Charles Trang*).

Il comandante, aiutato dal suo capo di stato maggiore, l'*SS-Stubaf*. Reichel, si mise al lavoro e divise le sue forze in due *Kampfgruppen*, con i reparti del *Germania* e del *Nordland*, entrambi rinforzati con i *panzer* dell'*SS-Stubaf*. Mühlenkamp. Subito dopo, i due gruppi da combattimento ricevettero i loro ordini: il primo, guidato dall'*SS-Staf*. Jürgen Wagner, con gli elementi del *Germania*, doveva spingersi verso sud-est, con la missione di attaccare la posizione di Grigori-Politskaja. Il secondo, guidato dall'*SS-Obf*. von Scholz, con gli elementi del reggimento *Nordland*, doveva invece spingersi verso sud-ovest, per prepararsi a conquistare il villaggio di Kroptokin, assicurare il ponte sul Kuban e attraversare il fiume. In seguito, entrambi i *Kampfgruppen* della divisione *Wiking*, dovevano procedere verso i territori asiatici del Caucaso. A Grigori-Politskaja, le forze sovietiche si erano ben trincerate e si preparavano addirittura a lanciare un contrattacco. I *panzer* di Mühlenkamp aggregati al *Kampfgruppe Wagner* avevano ricevuto l'ordine di investire le posizioni nemiche, annientarle ed arrivare fino al fiume. I granatieri del battaglione d'assalto di Dieckmann marciarono al seguito dei *panzer*, avanzando rapidamente

senza preoccuparsi di ripulire il terreno. Questo compito fu affidato alle altre compagnie del *Germania*. Davanti a loro, i Sovietici si battevano come leoni, difendendo ogni palmo di terreno con estrema determinazione. In testa al battaglione c'era la prima compagnia dell'*SS-Hstuf*. Hans Dorr. Nella sua unità militavano volontari provenienti dalla Danimarca, dalla Norvegia, dall'Olanda e dalle Fiandre. Insieme agli altri camerati del Battaglione Dieckmann, gli uomini di Dorr attraversarono Grigori-Politskaja, poi proseguirono rapidamente verso il fiume, passando attraverso le foreste.

L'*SS-Hstuf*. Hans Dorr.

Soldati SS impegnati ad attraversare il Kuban su canotti.

L'*SS-Stubaf*. Dieckmann durante il passaggio del Kuban.

Un mitragliere e il suo aiutante con una *MG-34*.

I pionieri dell'*SS-Stubaf*. Schäfer giunsero per primi al Kuban, con dei canotti di gomma e delle barche di legno. Durante la notte tra il 4 ed il 5 agosto, delle imbarcazioni furono spinte nelle acque tumultuose del fiume. Serrati gli uni contro gli altri, gli uomini dei gruppi di assalto della compagnia Dorr, tentavano di avvistare la sponda nemica. Ogni tanto partivano dei razzi luminosi, tutti abbassavano la testa, non appena iniziavano le prime raffiche di mitragliatrice. Delle esplosioni sollevavano zampilli d'acqua. Dorr diresse i suoi uomini su una piccola isoletta, proprio in mezzo al fiume, nascondendosi al riparo della vegetazione. All'alba del 5 agosto, si lanciarono da quella posizione all'assalto della sponda occidentale del fiume, difesa dai reparti sovietici. Tutte le imbarcazioni parvero sorgere nello stesso tempo dai loro nascondigli. Poco dopo, i primi elementi della compagnia presero posizione sull'altra riva. Una mitragliatrice fu subito messa in posizione per rispondere al fuoco nemico. In breve tempo, tutto il Battaglione Dieckmann attraversò il Kuban, sotto il fuoco dei cannoni e dei mortai sovietici. Ma ormai era troppo tardi. I volontari germanici erano sulla sponda occidentale del fiume e non l'avrebbero lasciata più. Sulla sponda orientale, alcuni panzer della *Wiking*, tiravano senza sosta per coprire la traversata dei granatieri SS.

Soldati SS impegnati ad attraversare il Kuban a bordo di canotti.

PzKpfw.II della *Wiking* in marcia, insieme ad altri veicoli.

L'*SS-Hstuf.* Dorr controllava ormai la testa di ponte di Grigori-Politskaja al di là del Kuban. Per tutta la prima notte, i Sovietici tentarono di ricacciare i granatieri SS sull'altra riva del fiume, attaccando continuamente la testa di ponte tedesca. Si svilupparono dei furiosi scontri corpo a corpo, gli scontri più sanguinosi della *Wiking* dall'inizio della campagna. Durante quella stessa notte,

41

un'altra compagnia del *Germania*, riuscì ad attraversare il fiume, rinforzando la testa di ponte. Hans Dorr passava di postazione in postazione, per verificare lo stato dei suoi uomini. Tutto sembrava a posto, i mitraglieri erano al loro posto e i granatieri attendevano con un calma apparente, il prossimo contrattacco sovietico. La notte tra il 5 ed il 6 agosto, fu ancora più dura. Gli attacchi sovietici continuarono senza sosta a partire dalle due del mattino. All'alba, Dorr guidò personalmente un contrattacco riuscendo a guadagnare un po' di terreno. Verso mezzogiorno giunsero nuovi rinforzi, grazie ai quali fu possibile allargare la testa di ponte e conquistare la chiesa locale, un ottimo punto di osservazione.

Marcia dei *panzer* verso Kropotkin. In lontananza il carro dell'*SS-Ustuf*. Martin, colpito dal nemico e in fiamme.

Gli altri *panzer* avanzano per soccorrere i loro camerati.

Rinforzata solidamente la testa di ponte, l'*SS-Staf*. Wagner attraversò il fiume a sua volta, con gli altri due battaglioni del *Germania*, il *II*. di Joerchel[2] e il *III*. di Schönfelder[3]. Attaccarono anche i pionieri del battaglione del genio della divisione. Si trattava ora di costruire, nel più breve tempo possibile e sotto il fuoco nemico, un ponte provvisorio, per il passaggio degli altri reparti della divisione. L'intero *Kampfgruppe Wagner*, riuscì così ad attraversare il fiume.

La battaglia per Kropotkin

Mentre il *Kampfgruppe Wagner* attaccava in direzione di Grigori-Politskaja, il *Kamfgruppe von Scholz*, aveva ricevuto la missione di conquistare, al di là della città di Kropotkin, l'unico ponte capace di sopportare il passaggio dei *panzer*. I volontari scandinavi e tedeschi del *Nordland* furono appoggiati dalla prima compagnia del battaglione corazzato, agli ordini dell'*SS-Ostuf*. Schnabel. Lo stesso comandante Mühlenkamp aveva deciso di partecipare a questa operazione di un'importanza vitale. Il 5 agosto, in testa alla colonna in marcia in direzione di Kropotkin, c'era il plotone dell'*SS-Ostuf*. Klapdor. I suoi *panzer* si lanciarono a tutta velocità, seguiti dai veicoli da combattimento della fanteria incollati ad essi, seguendo il ritmo infernale di questa operazione. Mentre marciavano verso la battaglia, i soldati SS, seduti nei loro veicoli, continuavano a mangiare la frutta raccolta all'ultima sosta. Dopo essere giunti in prossimità della città, senza incontrare lungo il cammino alcuna resistenza, i veicoli SS iniziarono a rallentare. I quattro carri del plotone di Klapdor, discesero lentamente la pista in pendenza che portava dentro la città e verso il fiume. I *Panzer* avanzarono lentamente lungo il tortuoso percorso, completamente allo scoperto, pronti in ogni istante a fermarsi e sparare. Giunto al centro di Kropotkin, Klapdor tirò fuori la testa dalla torretta, ma non c'era nessuno, la città appariva completamente deserta, né un militare, né un civile. Nessun ostacolo sulle strade.

Panzer e fanti tedeschi impegnati in battaglia.

Un *Pzkpfw.III* nel settore di Kropotkin.

Panzer superano la linea ferroviaria a Kropotkin.

Soldati della *Wiking* al riparo dietro un *panzer*.

Un silenzio di tomba sotto il cocente sole di agosto. Klapdor, trovò subito la strada che portava al ponte. I carri di Klapdor furono allora superati dal plotone esploratori agli ordini dell'*SS-Ustuf*. Martin. Motociclette ed autoblindo presero quindi la testa della colonna e guidarono tutta la *1.Panzer-Kompanie* verso il ponte e il fiume. I granatieri del *Nordland* seguivano su entrambi i lati della strada, le armi in pugno, pronti a reagire a qualsiasi manifestazione del nemico. La città continuò a restare silenziosa, dietro le sue persiane chiuse. L'*SS-Staf.* von Scholz, passò davanti a tutti, a bordo di una autoblindo alzando una nuvola di polvere. Il vecchio Fritz voleva essere il primo ad arrivare al Kuban: "...*avanti, più veloce!*", urlò ai suoi uomini! L'*SS-Ostuf.* Schnabel, comandante della prima compagnia corazzata, ordinò allora a Klapdor di chiudere la colonna con il suo plotone. Poi marciò per raggiungere i *panzer* di testa. L'*SS-Stubaf*. Mühlenkamp era con lui nella colonna, con il suo carro comando, tra i due plotoni di testa. I veicoli corazzati della *Wiking* marciavano lungo una strada sopraelevata, giusto davanti ad una delle curve del fiume. Solo qualche albero riparava la colonna dall'osservazione nemica. I Sovietici non si facevano vedere ed i *panzer*, scortati dai granatieri del *Nordland*, continuavano a marciare verso il ponte sul Kuban. In testa, con il vecchio *Fritz* c'erano i motociclisti, le autoblindo e i *Pzkpfw.II* di Sepp Martin. Il silenzio continuò ad essere opprimente.

Colonna di *panzer* della *Wiking* sul fronte del Kuban (*Collezione Pierre Tiquet*).

Elementi del reggimento '*Germania*' sul Kuban.

All'improvviso, si udì una forte esplosione e da lontano si vide una nuvola di fumo, poi il sinistro rumore del ponte che franava nel letto del fiume: i Sovietici avevano fatto brillare le cariche sotto il ponte, l'unico passaggio sul Kuban in quella regione. Subito dopo si udirono altre due esplosioni, questa volta provenienti dalla linea ferroviaria. Due convogli di vagoni-cisterna, pieni di carburante e di olio motore, esplosero violentemente. Una immensa nube di fumo nero oscurò tutto il cielo sopra Kropotkin. Come se quelle esplosioni fossero stati dei segnali, i Sovietici iniziarono a sparare sulla colonna tedesca, prima con le armi automatiche, poi con i mortai e l'artiglieria. Alcuni pezzi anticarro nemici erano rimasti sulla sponda orientale, ben mimetizzati: aprirono subito il fuoco contro i carri della *Wiking*. I *panzer* risposero subito al fuoco, mentre i soldati si misero al riparo. L'*SS-Staf*. von Scholz era furioso: non poteva più attraversare il fiume, almeno per il momento. Non gli restava altro che difendere la città. I suoi soldati si diressero nell'abitato, entrarono nelle case e fecero dei prigionieri.

Immobilizzati nei pressi del fiume, all'uscita di Kropotkin, due o tre carri del plotone di testa, sotto il fuoco nemico, cercarono di mettersi al riparo sul lato sinistro della strada, in posizione più defilata. Giusto davanti al ponte distrutto, un *panzer* isolato aveva iniziato a sparare contro i pezzi anticarro sovietici appostati sull'altra sponda. Restando esposto al fuoco nemico, fu subito dopo centrato da un

Elementi del reggimento *'Germania'*, impegnati ad attraversare il Kuban a bordo di un'imbarcazione.

pezzo anticarro sovietico: il fumo iniziò ad uscire dagli aeratori, il carro era immobilizzato, il motore era sul punto di incendiarsi. L'equipaggio impassibile, continuò tuttavia a sparare contro le posizioni nemiche. Gli altri carri che si trovavano sulla strada, avevano individuato che il pericolo arrivava dalla loro destra, ma la fitta vegetazione, gli impediva di individuare il nemico. La situazione della *1.Kompanie* dell'*SS-Ostuf.* Schnabel, continuò a farsi sempre più critica, anche a causa dell'interruzione delle comunicazioni radio. L'*SS-Ostuf.* Klapdor, rimasto in coda alla colonna, scese dal suo carro per rendersi conto della situazione. Camminando lungo il lato sinistro della strada, tentò di raggiungere il carro di Mühlenkamp. Finito sotto il fuoco di una mitragliatrice nemica, l'*SS-Ostuf.* saltò quindi nel fossato lungo la strada e da lì raggiunse il comandante: "*...cosa volete?*", chiese Mühlenkamp. "*Fare tacere questi maledetti pezzi anticarro*", replicò Klapdor.

Un *PzKpfw.III* della *Wiking* durante i combattimenti sul Kuban (*G.B.*).

"*E come?*", chiese ancora Mühlenkamp. Allora Klapdor espose il suo piano: "*...camminando lungo il lato destro della strada sotto la protezione degli alberi, sarà possibile arrivare al fiume e distruggerli!*". Mühlenkamp rifletté rapidamente. Era una manovra pericolosa, ma la sola possibile per uscire da quella difficile situazione. Klapdor, stando in coda alla colonna, poteva manovrare più facilmente. "*Andate allora!*", ordinò Mühlenkamp.

Soldati della *Wiking* **e un pezzo anticarro da 50mm mentre attraversano il fiume Kuban a bordo di una zattera.**

L'arrivo dei soldati SS sull'altra sponda del fiume.

Carri della *3.Panzer-Kompanie* **impegnati a rifornirsi.**

Soldati della *Wiking* **nei pressi di un** *Kolkhoz (C.Trang).*

I *panzer* di Klapdor, avanzarono come pianificato e giunti in prossimità del fiume, iniziarono a distruggere uno dopo l'altro, i pezzi anticarro nemici. Qualsiasi cosa si muovesse lungo la sponda meridionale fu bersagliato dal fuoco dei carri, costringendo il nemico a restare al coperto e non poter rispondere al fuoco. L'*SS-Staf.* von Scholz raggiunse quindi Mühlenkamp per fare il punto della situazione. La città di Kropotkin era nelle loro mani, ma l'obiettivo principale, il passaggio sul fiume, era sfuggito. Del ponte restavano solo alcuni piloni traballanti. Numerosi disertori sovietici attraversarono il fiume a nuoto e furono condotti subito allo stato maggiore del *Kampfgruppe*: fornirono notizie importanti sulla dislocazione e sull'entità delle forze sovietiche nel settore. Ai volontari scandinavi e tedeschi del *Nordland*, fu quindi ordinato di attraversare il fiume a bordo di canotti e di barche, sotto il fuoco nemico.

Arrivo di rinforzi a Grigori-Politskaja.

Soldati del I./*Germania* a Grigori-Politskaja.

Ancora scontri a Grigori-Politskaja

Nel settore di Grigori-Politskaja, i granatieri del *Kampfgruppe Wagner*, continuarono ad espandere la loro testa di ponte. Fin dall'alba del 6 agosto, i Sovietici contrattaccarono facendo intervenire tutta la loro artiglieria. Ancora una volta, i Tedeschi provarono sulla propria pelle, la schiacciante potenza dell'artiglieria sovietica, capace di concentrare in alcuni settori, decine e decine di pezzi. Essi tentavano di creare un vero e proprio sbarramento di fuoco, nell'attesa che la loro fanteria si raggruppasse per attaccare e ridurre la testa di ponte. Sulla sponda occidentale del Kuban, le forze tedesche mantenevano una sottile striscia di terreno. I cannoni sovietici presero di mira le stesse batterie dell'artiglieria della *Wiking*, costrette a cambiare continuamente di posizione. Non appena occupavano una nuova posizione, le granate nemiche riprendevano a cadere, causando vittime tra i serventi. Come facevano ad essere così precisi? C'era sicuramente qualche osservatore dell'artiglieria sovietica in zona, che forniva precise indicazioni. L'*SS-Staf.* Wagner inviò allora delle pattuglie nell'abitato di Grigori-Politskaja. Per scoprire gli osservatori furono individuati i punti più elevati: in primis, i campanili delle vecchie chiese. In uno di essi, furono scoperti due ufficiali sovietici. I soldati SS tentarono di catturarli, ma preferirono farsi uccidere combattendo, piuttosto che arrendersi. Da quel momento, i tiri dell'artiglieria sovietica iniziarono ad essere più imprecisi. Il 7 agosto, i pionieri furono in grado di completare un passaggio per i *panzer* sul fiume: i carri della *Wiking* si lanciarono subito all'assalto delle batterie dell'artiglieria nemica, già in preda al panico, dopo un attacco degli *Stukas*. In mezzo a quelle esplosioni, i pezzi sovietici furono ridotti al silenzio uno dopo l'altro. Devastati dalle bombe degli *Stukas* e dalle granate dei *panzer*, gli artiglieri sovietici subirono perdite spaventose.

Il *PzKpfw.III* dell'*SS-Ustuf*. Max Perthes, della *2.Panzer-Kompanie*, con l'equipaggio al completo, durante i combattimenti sul Kuban.

Ufficiali della Wiking sulla testa di ponte di Grigori-Politskaja. Da sinistra, l'*SS-Ustuf*. Werner Hein, l'*SS-Ostuf*. Willi Klose e l'*SS-Stubaf*. Dieckmann, durante una ricognizione del terreno, prima di un nuovo attacco, agosto 1942.

Qualche pezzo ancora intatto finì nelle mani dei granatieri del *Germania*, che erano avanzati al seguito dei reparti corazzati. A quel punto, niente poteva più minacciare la testa di ponte. I resti delle forze sovietiche furono costretti a ritirarsi oltre il fiume Laba. Superato il Kuban, il prossimo obiettivo era la città di Maikop, una delle capitali dell'impero petrolifero sovietico.

Soldati della *Wiking* nell'attacco contro Temirgojewskaja.

Un *PzKpfw.III Ausf. J* nel settore del Laba.

Colonna di *panzer* della *Wiking* in marcia.

Riprende la marcia

La marcia dei reparti della *Wiking* riprese proprio dalla testa di ponte stabilita dal *Germania* sul fiume Kuban. La divisione era sempre suddivisa in tre gruppi da combattimento, agli ordini di von Scholz, Gille e Wagner. Questa volta, il *Nordland* doveva passare in testa, secondo le regole del vecchio codice guerriero dell'alternanza. Poi, la colonna si doveva dividere nuovamente per lanciare l'attacco contro due localita: il *Kampfgruppe von Scholz* doveva spingersi verso Temirgojewskaja, mentre il *Kampfgruppe Wagner* doveva proseguire verso la posizione di Petropawlowskaja. Come sempre, era necessario catturare il maggior numero di ponti intatti. Dall'altra parte, i Sovietici avevano raggruppato tutte le loro riserve per tentare di fermare l'avanzata tedesca su Maikop, inclusi numerosi marinai della flotta del Mar Nero, che avevano lasciato i loro battelli per battersi come fanti. Questa truppa eterogenea, andò ad occupare una linea difensiva improvvisata in cui le uniche vere cose solide erano il disperato coraggio e lo spirito di sacrificio. Anche le forze tedesche schieravano dei soldati di élite: l'*SS-Staf.* von Scholz mandò avanti i suoi esploratori per 'tastare' la forza del nemico e raccogliere informazioni. Tutto faceva intendere che i Sovietici erano intenzionati a resistere ad oltranza, quindi il vecchio *'Fritz'* decise di lanciare i suoi reparti all'attacco durante quella stessa notte, per non dare tempo al nemico di rinforzarsi ulteriormente. Soldati tedeschi e volontari scandinavi attaccarono, seguendo i *panzer* del battaglione corazzato. Il primo obiettivo era la posizione di Temirgojewskaja, fortemente difesa dai reparti sovietici. A guidare l'assalto del *Nordland*, al seguito dei *panzer*, c'era la terza compagnia dell'*SS-Hstuf.* Friedrich Bluhm[4]. La nuova linea di resistenza sovietica era imperniata lungo il fiume Laba. Verso sera, i reparti tedeschi giunsero alla periferia di Temirgojewskaja. L'*SS-Hstuf.* Bluhm impartì subito gli ordini ai suoi comandanti di plotone: "...*siamo davanti alla città. Attaccheremo di notte, attraverseremo il fiume e stabiliremo una testa di ponte sull'altra sponda del Laba*". I gruppi da combattimento iniziarono qualche ora più tardi a spingersi silenziosamente verso i loro obiettivi.

Panzer della *Wiking* alla ricerca di un passaggio sul Laba (*Collezione Charles Trang*).

Un *PzKpfw.III* della *Wiking* in marcia, alza una nuvola di polvere.

Un mortaio medio apre il fuoco.

I fanti erano accompagnati dai guastatori del genio, i quali dovevano neutralizzare le cariche esplosive e tentare di conquistare il ponte intatto. Verso l'una di notte, l'attacco iniziò. I volontari germanici avanzarono silenziosi, come fantasmi, attenti a non perdere nelle tenebre il contatto con i loro camerati. Giunsero quindi alle prime case della città. All'improvviso quelli che marciavano in testa credettero di distinguere delle figure nella notte. Nemici o amici? Nel dubbio partì una raffica di mitragliatrice. Seguirono altre detonazioni. Tutta la compagnia si diresse verso il ponte seguendo il suo capitano "...*avanti, avanti!*", continuava a gridare Bluhm. I fanti dovevano attraversare una strada tracciata dalle raffiche di una mitragliatrice nemica. La maggior parte degli uomini riuscì a passare indenne, solo pochi restarono feriti. Davanti alla truppa d'assalto, doveva trovarsi il fiume. Qualche secondo dopo, si udì una grossa deflagrazione.

Come era già successo a Kropotkin, i Sovietici erano stati più rapidi e il ponte era saltato in aria. I fanti SS furono allora impegnati a ripulire le strade della città. Del ponte c'era rimasto ben poco dopo l'esplosione. Alcuni pionieri che erano riusciti a passare sull'altra riva, rimasero totalmente isolati. L'*SS-Hstuf.* Bluhm tentò di fornirgli fuoco di appoggio, ma i suoi soldati erano schiacciati al suolo dal fuoco delle mitragliatrici sovietiche, che tiravano dall'altra sponda incessantemente. Poi i Sovietici contrattaccarono, passando sulle rovine del ponte per attraversare il fiume: seguì un furioso scontro corpo a corpo, che vide alla fine prevalere i soldati SS. Al mattino, i combattimenti si fecero ancora più intensi, impegnando soprattutto i mitraglieri, che avevano ingaggiato un vero e proprio duello a distanza con i soldati sovietici appostati sull'altra sponda del fiume.

Soldati della *Wiking* impegnati in combattimento nel settore del Laba (*Charles Trang*).

Soldati della *Wiking* durante un assalto, agosto 1944.

L'arrivo di alcune squadre mortai, permise di eliminare definitivamente le posizioni di fuoco nemiche e subito dopo, l'*SS-Hstuf*. Bluhm decise che era il momento di passare sull'altra sponda. Dei pionieri saltarono sulle rovine del ponte, per tentare di costruire un passaggio con alcune tavole di legno. I soldati sovietici si fecero nuovamente vivi, tirando sui pionieri SS. Allora i mitraglieri ed i mortai SS, ricominciarono a tirare con una cadenza terribile e questa volta furono i soldati sovietici a dover abbassare la testa. Il lavoro dei pionieri poté dunque riprendere, sfruttando i piloni del ponte ancora intatti. In meno di un'ora, fu costruita una passerella di fortuna. L'*SS-Hstuf*. Bluhm lanciò i suoi uomini, uno dopo l'altro, sulla sponda meridionale del fiume. Era necessario stabilire una testa di ponte e difenderla ad ogni costo.

Un gruppo d'assalto della *Wiking* in combattimento.

L'atttaco prosegue, con i fanti SS impegnati a tirare contro le posizioni occupate ancora dal nemico.

Due fanti SS, riparati dietro un pozzo d'acqua, durante l'avanzata verso le posizione nemiche.

I soldati sovietici erano spariti nel sottobosco e i volontari germanici tirarono in tutte le direzioni, per evitare sorprese. I soldati SS avanzarono lentamente e prudentemente, protetti da un fuoco di inferno. Una volta che i suoi uomini si erano sparsi a ventaglio per circa cinquecento metri, gli ordinò di fermarsi e trincerarsi sulle posizioni raggiunte. Erano circa le nove del mattino quando i combattimenti cessarono. Il sole era già alto in cielo e faceva già molto caldo. I comandanti di plotone si impegnarono a formare una linea difensiva continua, ordinando ai loro uomini: "...*Mimetizzatevi bene, i Sovietici possono ritornare!*". Furono quindi abbattuti alcuni alberi per costruire steccati e bunker, per rinforzare le nuove posizioni difensive. Da parte loro, i Sovietici iniziarono a colpire la testa di ponte con il fuoco della loro artiglieria, senza però riuscire a sloggiare i reparti tedeschi. Anche a Petropawlowskaja, le forze sovietiche avevano opposto una strenua resistenza ed anche qui erano riuscite a far saltare il ponte prima dell'arrivo dei reparti tedeschi. Fu quindi trovato un altro ponte nell'area di Tenginskaja, conquistata l'8 agosto, dai reparti corazzati della *Wiking*. I pionieri riuscirono a riparare il ponte e far sì che potesse permettere il passaggio dei veicoli della divisione. E così anche il *Kampfgruppe von Scholz*, insieme a quello dell'*SS-Staf*. Wagner, attraversarono il fiume Laba su questa posizione, il 9 agosto 1942. Il rapporto giornaliero della *Wehrmacht* riportò: "...*formazioni motorizzate dell'esercito e della Waffen SS hanno attraversato il fiume Laba ed ora attaccano verso ovest in direzione di Maikop*". La marcia dei reparti della *Wiking* nel frattempo riprese. In testa era passato il *Kampfgruppe Gille,* formato dai granatieri del battaglione d'assalto dell'*SS-Stubaf*. Dieckmann, dal battaglione dell'*SS-Stubaf*. Polewacz del reggimento *Nordland* e da elementi del battaglione corazzato di Mühlenkamp.

Un tiratore scelto in agguato.

Soldati della *Wiking* avanzano in territorio nemico, agosto 1942.

L'*SS-Staf*. Wagner con il reggimento *Germania* e l'*SS-Obf*. von Scholz con il reggimento *Nordland*, seguivano subito dietro. La nuova direzione di marcia si orientò più verso ovest, in direzione di Maikop, per tentare di chiudere in una grande sacca le forze nemiche che si battevano in questo settore. Per adempiere alla nuova missione servivano rapidità e determinazione.

Verso Maikop

I *panzer* della *Wiking* continuarono a marciare in mezzo alle colonne sovietiche in ritirata. Alla vista dei corazzati tedeschi, i soldati sovietici si disperdevano, tentando di nascondersi tra i campi di girasole che si estendevano su entrambi i lati delle strade. Ovunque c'erano materiali e mezzi abbandonati, nessuno aveva il tempo di fermarsi a recuperare niente o nessuno. Il prossimo fiume da raggiungere era il Belaja: i fanti del *Nordland* erano saliti sui *panzer* che marciavano a tutta velocità tra i campi di girasole.

Panzer della *Wiking* in marcia, attraverso foreste e villaggi.

Una pattuglia SS inviata alla ricerca di un guado.

Soldati SS, lungo le sponde di un corso d'acqua.

La compagnia di Bluhm era sempre in testa. I veicoli dei soldati SS seguivano i *panzer* che sollevavano spesse nuvole di polvere. Si vedevano solo le teste dei comandanti di carro, che sbucavano dalle torrette. Alcune autoblindo del reparto da ricognizione, scortate da motociclisti si erano unite alla colonna e andarono ad esplorare i villaggi sospetti. Non c'era tempo da perdere. Se i Sovietici disponevano di pezzi anticarro in questo settore, bisognava eliminarli e proseguire la marcia, malgrado le inevitabili perdite. Ogni tanto la colonna si fermava per una decina di minuti: da lontano si udivano i rumori dei combattimenti. Questo accadeva quando gli elementi di testa o le pattuglie esploratrici, erano coinvolti in scontri a fuoco. L'avanguardia della divisione *Wiking* si avvicinò al fiume Belaja: il terreno divenne via via sempre più boscoso, quindi più favorevole agli agguati del nemico. I veicoli dei soldati SS si fermarono, mentre i *panzer* continuarono ad andare avanti.

Passaggio del Belaja su un ponte di barche da parte dei *panzer* della *Wiking*.

Soldati SS attraversano il fiume.

Nell'area c'erano numerosi reparti sovietici, attestati in posizione difensiva lungo le sponde del fiume. La compagnia di Bluhm ricevette l'ordine di stabilire una testa di ponte, ma prima era necessario trovare un guado: "...*saremo appoggiati dai* panzer *che resteranno su questa riva. La riva di fronte sembra libera dal nemico!*". Il fiume in quel punto era largo una sessantina di metri, la sponda 'nemica' era alta tra i due ed i tre metri ed era molto boscosa. Sulla destra il terreno appariva più pianeggiante, paludoso con qualche boschetto. L'*SS-Hstuf.* Bluhm decise di attaccare proprio in quel punto, quindi ordinò ai suoi soldati di attraversare il fiume. La corrente era molto forte. Del nemico non c'era traccia, regnava un grande silenzio. I primi uomini entrarono nel fiume, l'acqua arrivò alle ginocchia, alla cintura, al petto. L'acqua era molto fredda. I soldati di Bluhm si dovettero tenere per mano per non farsi travolgere dalla corrente. All'improvviso, uno dei *panzer* sulla riva opposta tirò un colpo. I Sovietici risposero al fuoco, facendo registrare i primi feriti. Non si vedeva da dove partivano i tiri. Era necessario uscire da quella situazione di pericolo. I soldati SS si avvicinarono alla sponda nemica.

Soldati della *Wiking* impegnati nei combattimenti nel settore della Belaja, estate 1942.

Appena i primi uomini uscirono dal fiume, misero subito in posizione una mitragliatrice per coprire i loro camerati. Con l'arrivo degli altri gruppi d'assalto, la testa di ponte iniziò a prendere a forma e gli uomini iniziarono a disporsi a ventaglio, spalle al fiume. Al tramonto, l'*SS-Hstuf.* Bluhm, decise di espandere la testa di ponte sulla destra, su un terreno più protetto. La compagnia si dispose a semicerchio, sempre appoggiata al fiume. Anche i *panzer*, lentamente riuscirono a guadare il fiume, così come le altre compagnie del *Nordland*. Al mattino del giorno dopo, la marcia riprese in direzione di Maikop. Le colonne della *Wiking* furono precedute da una compagnia del Reggimento *Brandenburgo*. Servivano nei suoi ranghi *volksdeutschen* e volontari europei. Erano a bordo di veicoli sovietici e portavano sopra la loro uniforme tedesca dei cappotti dell'esercito sovietico e sulla testa berretti o elmetti nemici. Questa compagnia 'molto' speciale, simulava una colonna sovietica in ritirata, con l'ordine di attraversare il villaggio di Pcheskaja e di occupare un ponte ferroviario lungo la linea Armavir-Tuapse.

Panzer della *Wiking* scortano prigionieri in un villaggio conquistato (*Collezione Charles Trang*).

Un veicolo radio *SdKfz.261* della *Wiking* in marcia.

Soldati del *'Brandenburgo'* con uniformi sovietiche.

Gli elementi avanzati della *Wiking* seguivano subito dietro. La colonna 'sovietica' del *Brandenburgo* procedeva a gran velocità, penetrando tra le linee del nemico fino a giungere sulle posizioni della sua artiglieria. Simulando l'imminente arrivo di reparti corazzati tedeschi, i brandenburghesi iniziarono ad urlare "*..tanki! tanki!*". I Sovietici presi dal panico iniziarono a fuggire da tutte le parti. Ufficiali e commissari politici tentarono vanamente di riprendere il mano la situazione. Giunti dentro Pcheskaja, i soldati tedeschi in uniforme sovietica dovettero usare le armi per sopraffare i serventi di un'intera batteria nemica. Poi proseguirono in direzione del ponte ferroviario. Le sentinelle sovietiche furono colte di sorpresa, pensando di avere di fronte dei loro compagni: le due estremità del ponte furono quindi assicurate e dopo una decina di minuti, giunsero i primi carri della *Wiking*, seguiti a ruota dai granatieri del *Nordland*. Il raid su Pcheskaja era quindi perfettamente riuscito, la divisione aveva riportato solo qualche ferito leggero, incluso lo stesso comandante Steiner. La sua vettura comando era stata colpita da un colpo di mortaio. I reparti tedeschi ripresero dunque la marcia.

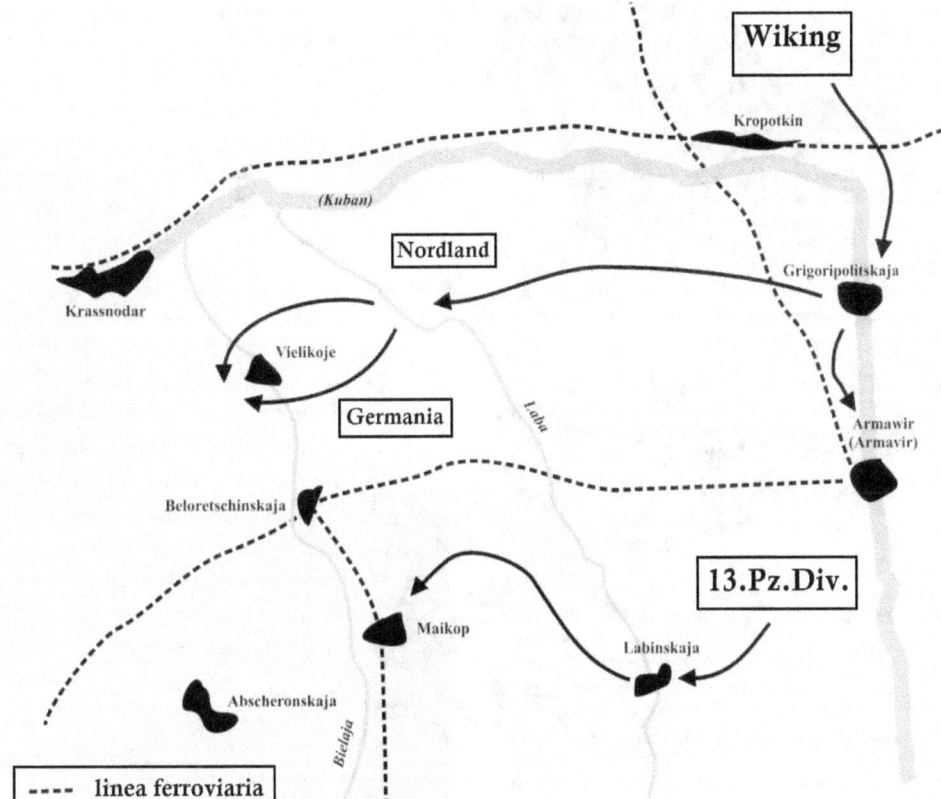

L'area interessata dai combattimenti nella prima metà di agosto.

Soldati SS con al seguito prigionieri sovietici, usati come ausiliari.

Il *Kampfgruppe Gille* proseguì sulla strada per Tuapse, mentre ai reparti della *13.Panzer-Division* fu ordinato di conquistare Maikop. La formazione di testa comprendeva i *panzer* di Mühlenkamp, i fanti di Dieckmann e gli artiglieri di uno dei gruppi del reggimento di artiglieria.

57

Cavalleria sovietica all'assalto, agosto 1942.

Mitragliere SS con una *MG-34* e *SS-Uscha.* con *MP-40.*

La colonna passò in mezzo ai boschi dirigendosi verso la posizione di Hadychenskaja, a metà strada tra Maikop e Tuapse. Il 14 agosto, il Battaglione Dieckmann conquistò la raffineria di petrolio di Muk, dopo essersi spinto troppo in avanti rispetto agli altri reparti. Se in quello stesso momento, i reparti sovietici avessero contrattaccato, la situazione si sarebbe fatta difficile. Fortunatamente giunsero subito dopo il II./*Germania* dell'*SS-Stubaf.* Jörchel ed un reparto mortai da 210mm dell'esercito. Proprio le avanguardie di Jörchel si scontrarono con alcuni reparti nemici prima di giungere a Muk. Ne nacquero una serie di furiosi e violenti scontri. Il comandante del *Germania*, l'*SS-Staf.* Wagner, lanciò in avanti tutte le riserve disponibili, mentre il reparto mortai dell'esercito fornì il suo fuoco di appoggio. I Sovietici da parte loro, impegnarono un intero corpo di cavalleria che caricò le posizioni tedesche all'arma bianca: i cavalieri sovietici si lanciarono con le spade sguainate contro il fuoco delle mitragliatrici tedesche, facendosi letteralmente massacrare. Respinto l'attacco nemico, i reparti del *Germania* proseguirono la loro marcia, conquistando la posizione di Tverskaja.

L'arrivo dei Finlandesi

Volontari finlandesi della *Wiking*, estate 1942.

Il 16 agosto, il battaglione finlandese, aggregato alla divisione come III./*Nordland*, riuscì finalmente a congiungersi con gli altri reparti della *Wiking* a Kubanskaja, grazie ai suoi nuovi veicoli motorizzati. Il comandante Felix Steiner decise di impegnarlo subito in battaglia, affidandogli la missione di conquistare il villaggio di Linejuaja.

Volontari finlandesi impegnati in una azione esplorativa.

Un carrista davanti ad un deposito di carburante in fiamme.

Postazione difensiva del *Nordland*, con una *MG-34*.

I volontari finlandesi salirono sui *panzer* di Mühlenkamp per l'assalto. I Finlandesi erano degli irriducibili guerrieri e quando andavano in battaglia, avevano un solo obiettivo, quello di venire al corpo a corpo con il nemico e terminare lo scontro all'arma bianca. Delle unità di cavalleria della guardia rossa impegnate in combattimento nell'area tra Maikop e Tuapse, restavano ben pochi squadroni, che si rifugiarono nei boschi. L'artiglieria della *Wiking* li bombardò incessantemente, per evitare che potessero raggrupparsi e tornare ad attaccare. La strada verso il Caucaso era aperta, tuttavia le forze sovietiche continuavano a resistere accanitamente, per bloccare l'avanzata dei reparti tedeschi in direzione del Mar Nero, occupando gli ultimi contrafforti montuosi prima della costa. Nello stesso tempo, continuarono a far saltare ponti, minare le strade e nascondersi tra i boschi. Per stanarli, il comando tedesco decise di impegnare i cacciatori da montagna, quasi tutti soldati bavaresi o austriaci. Nell'attesa dell'arrivo di queste truppe speciali, spettò ai volontari germanici della *Wiking*, occuparsi della difesa dei campi petroliferi intorno a Maikop. Steiner andò su tutte le furie: "...*la mia divisione, già sfiancata dai combattimenti di questa estate, deve tenere ora un settore enorme, con un raggio di più di cento chilometri!*". Fortunatamente, giunse nel settore anche il reggimento *Westland*, finalmente completamente motorizzato e quindi fu più facile organizzare le difese.

Volontari finlandesi del *Nordland*.

L'*SS-Stubaf.* **Dieckmann.**

Ogni villaggio isolato, doveva diventare una fortezza. Tutta la regione brulicava di unità sovietiche che erano state impegnate nei precedenti combattimenti e che stavano tentando di riorganizzarsi. L'*SS-Staf.* von Scholz ripartì i suoi tre battaglioni: il *I.* dell'*SS-Ostubaf.* Polewacz, prese posizione a Absheronskaja, il *II.* dell'*SS-Stubaf.* Stoffers a Kabardinskaja ed il *III.* dell'*SS-Stubaf.* Collani, tra Linejuaja e Tverskaja. Il Battaglione di Dieckmann del *Germania*, rimase invece nei pressi di Muk, continuando ad essere impegnato contro gli agguerriti reparti sovietici, che con la forza della disperazione stavano sbarrando la strada per Tuapse. I pionieri e gli esploratori si stabilirono nel distretto di Neftnaja, un villaggio industriale con fabbriche e magazzini. Tutti gli impianti erano stati però sabotati dai Sovietici. L'*SS-Staf.* Wagner e il suo stato maggiore, si erano insediati nel villaggio caucasico di Samurskaja. Qui, non c'erano operai, solo contadini, che vivevano come i loro antenati ed erano totalmente indifferenti alla politica. Essi si preoccupavano soprattutto di salvaguardare le loro tradizioni e tra di loro c'erano anche dei vecchi cosacchi, che accettarono volentieri di fare da istruttori ai soldati SS per insegnargli soprattutto come districarsi tra le foreste caucasiche. Mentre i reparti SS continuavano a difendere i villaggi isolati, nell'attesa di essere rilevati dai cacciatori da montagna della *Wehrmacht*, i combattimenti proseguirono lungo la strada Maikop-Tuapse, sempre più accaniti. Con l'inizio dell'autunno, iniziarono le prime piogge. Le montagne vennero avvolte nella bruma. La guerra in questa regione ricca di montagne e boschi divenne ogni giorno sempre più penosa. Truppe regolari sovietiche e partigiani non cessarono di lanciare attacchi contro gli avamposti isolati e le colonne con i rifornimenti.

Note

(1) Non poté in seguito riprendere il servizio attivo dovendosi accontentare di dirigere la scuola di artiglieria SS di Beneschau, nel Protettorato di Boemia e Moravia. Morì nel 1948, sempre a causa delle ferite di guerra.

(2) Wolfgang Joerchel, nato il 19 agosto 1907 a Zaborze in Prussia Orientale, SS-Nr. 272 890. In precedenza servì nella *1./Sta. 'Germania'*, al comando della *12./Germania* e poi del *II./Germania*.

(3) Manfred Schönfelder, nato il 18 marzo 1912 a Hellerau, SS-Nr. 59 781. In precedenza aveva servito nella *4./Sta. 'Deutschland'* e al comando della *12./Deutschland*.

(4) Friedrich Bluhm, nato il 28 novembre 1911, SS-Nr. 216 559. In precedenza aveva servito nella *SS-Standarte 'Deutschland'*.

Sul fronte del Terek

Verso la metà di settembre, i reparti della *Wiking*, furono trasferiti nel Caucaso orientale, sul fronte del Terek, dove bisognava proseguire l'offensiva verso il Mar Caspio. I loro camerati della *1.Panzerarmee* avevano lanciato l'attacco in direzione della regione petrolifera di Grozny. Solo il reggimento *Germania* rimase indietro per continuare a difendere il settore nella regione di Samurskaja.

Un *SS-Ustuf.* della *Wiking* a colloquio con un 'vecchio' montanaro del Caucaso.

Carrista della *Wiking* (*Charles Trang*).

Furono necessari quattro giorni per raggiungere il nuovo settore operativo. I volontari germanici si addentrarono in una regione 'strana', abitata dalle tribù caucasiche. Queste tribù erano state sottomesse all'impero degli Zar con la forza, che avevano impegnato i Cosacchi del Terek per reprimere la rivolta di questi popoli montanari. I Sovietici avevano proseguito la stessa politica coloniale, arrivando a deportare verso altre regioni, intere tribù, con tragiche conseguenze. Non fu un caso quindi, che i reparti tedeschi furono accolti in queste terre come dei liberatori. Il generale von Kleist, comandante della *1.Panzer-Armee* aveva trasferito la *Wiking* alle dipendenze del *LII.Armee-Korps* del generale

61

Ott, impegnato in quel momento, nei pressi di Mozdok, dove i suoi reparti erano riusciti a stabilire una testa di ponte sul fiume Terek. L'*SS-Gruppenführer* Steiner arrivò per primo, insieme con alcuni ufficiali del suo stato maggiore, a Pjatigorsk, dove si trovava il posto di comando della *1.Panzer-Armee*. Qui, fu subito ricevuto dal *Generalmajor* Ernst-Felix Faeckenstedt: "*...Dobbiamo prendere Grozny*", disse il capo di stato maggiore della *1.Panzer-Armee*. "*...Mi sembra così facile, come attraversare le Alpi, con la differenza che non ci sono né strade né linee ferroviarie. Questo crea dei terribili problemi per i rifornimenti*", replicò secco Steiner. Faeckenstedt allora rispose: "*...di questo ho già parlato ai miei superiori. Ma l'ordine è stato mantenuto e bisogna eseguirlo. Ecco le due sole vie possibili*".

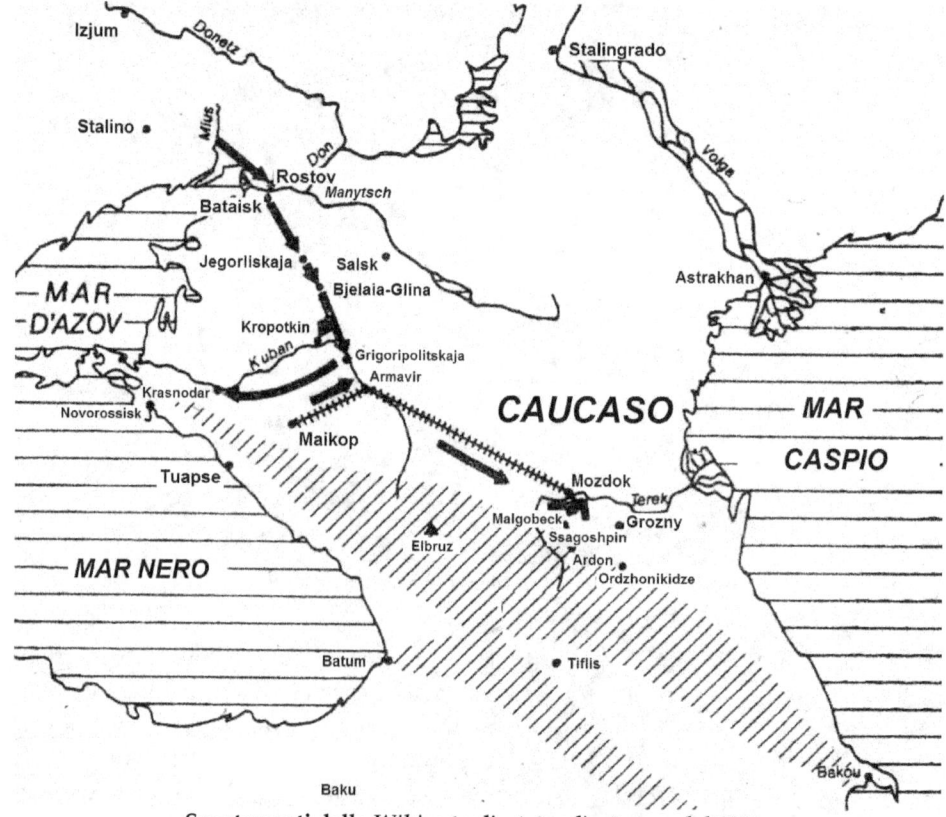

Spostamenti della *Wiking* tra l'estate e l'autunno del 1942.

Panzer della *Wiking* penetrano in un villaggio, agosto 1942.

Il Generale mostrò quindi sulla carta la strada Ossetica e la *Grusinische Heerstrasse* (la strada della Grusinia, altro nome della Georgia). La prima strada, portava fino ad Alagir, era lunga circa 185 chilometri e prevedeva il superamento di un passo a circa 2.800 metri di altezza. "...*Non è una strada. Al più, è una specie di pista per truppe da montagna. Lungo la strada ossetica si potrà al massimo far transitare qualche veicolo leggero e dei muli..*", osservò subito Steiner. "...*Allora i veicoli pesanti prenderanno la* grusinische. *I suoi passi si trovano al massimo, a 2.400 metri di altezza...*". Quest'ultimo itinerario, un po' più lungo, circa 217 chilometri, permetteva di giungere fino a Tiblisi, la capitale della Georgia. Ma anche questa strada era un itinerario spaventoso, caratterizzato da precipizi, ponti e tunnel.

Tratto della *Grusinische*, con le vette imbiancate.

Soldati della *Wiking*, estate 1942.

Un difficile tratto montano della strada 'Ossetica'.

Pochi uomini, sarebbero stati in grado di fermare un'intera Armata. Allora Steiner disse: "...*tutto questo è pura follia! Non siamo più in estate e la cattiva stagione che sta arrivando ci paralizzerà*".

Il generale Faeckenstedt guardò il suo collega della *Waffen SS* con uno sguardo glaciale e gli replicò: "...*Non pensate che siamo al corrente della situazione? Abbiamo già espresso il nostro parere contrario agli alti comandi ed espresso tutte le nostre riserve sul successo di questa impresa. Ma nessuno ne ha tenuto conto!*".

Lo stesso maresciallo von Kleist aveva pensato di minacciare di rassegnare le sue dimissioni, ma alla fine aveva deciso di non lasciare i suoi uomini in quella situazione difficile. Gli ordini erano ordini. E se von Kleist aveva deciso di restare, Steiner era con lui. Qualche ora più tardi, gli ufficiali di stato maggiore informarono i loro

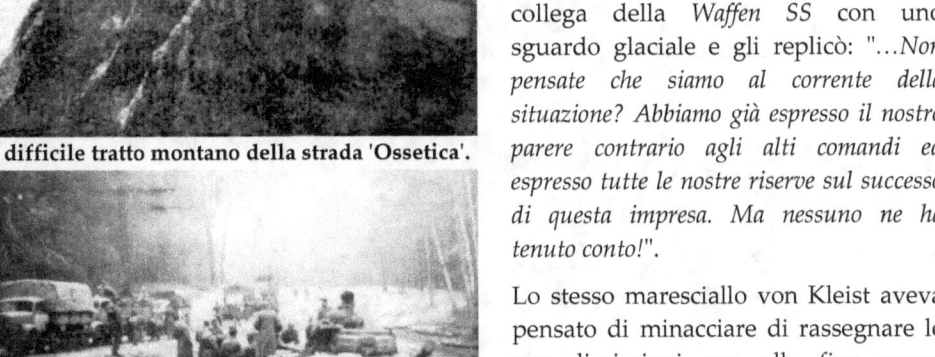

Camion e *panzer* della *Wiking* in marcia, 1942.

camerati della *Waffen SS*, sulla situazione: le forze tedesche stavano vanamente tentando di attraversare il fiume Terek a Prochladnaja e Mozdok, ma i Sovietici si difendevano accanitamente, lanciando in battaglia tutte le loro riserve, incluse truppe dell'*NKVD*, gli allievi di una scuola sottufficiali e dei battaglioni femminili. Una piccola testa di ponte era stata infine stabilita sul fiume, grazie all'attacco dei reparti della *13.Panzer-Division* in direzione di Mozdok, profonda appena cinque chilometri. I reparti della *111.Infanterie-Division* che giunsero subito dopo furono però incapaci di espanderla.

Un *Panzer* attraversa il Terek, settembre 1942.

Reparti della *Wiking* attraversano il Terek

Colonna corazzata della *Wiking* nel settore di Ssagopschin.

Marder II della *Wiking* penetrano in un villaggio.

Quando i reparti del *Westland* e del *Nordland* giunsero su treno nel settore del Terek, insieme al Battaglione corazzato di Mühlenkamp ed altri reparti della *Wiking*, la situazione si era fatta ancora più critica. Bisognava a tutti i costi forzare il passaggio verso Grozny, Baku ed il Mar Caspio. Ma per fare questo, era necessario far saltare prima le difese sovietiche predisposte nell'area a sud di Mozdok. La città, un importante nodo stradale e ferroviario, era nelle mani dei Tedeschi, ma questi non riuscivano a procedere oltre, a causa della forte resistenza opposta dai Sovietici. La *Wiking* doveva in qualche modo risolvere la situazione. I volontari germanici dovevano attaccare in una larga vallata, tra due catene di montagne, dove c'era la città di Malgobeck a nord e di Ssagopschin a sud. L'obiettivo era quello di raggiungere la *Grusinische Heerstrasse*, attraverso la quale i Sovietici ricevevano rifornimenti dall'Iran, i materiali spediti dagli Americani, loro alleati.

Panzer **attraversano un villaggio, autunno 1942.**

Nella vallata del Kurp

Per vincere la resistenza sovietica a sud di Mozdok e del Terek, l'*SS-Gruf.* Steiner disponeva solo dei reggimenti *Westland* e *Nordland*. L'operazione doveva iniziare con un vasto movimento aggirante per attaccare le posizioni montuose del nemico, da ovest e non da nord. Questa manovra appariva tuttavia difficile, a causa della presenza di numerose posizioni difensive nemiche e profonde trincee. L'attacco fu preceduto da un pesante bombardamento da parte degli *Stukas* dell'*VIII.Flieger-Korps*. I *panzer* attesero la fine delle incursioni dei bombardieri in picchiata. Su quel terreno così difficile, non potevano fare grandi cose, malgrado i loro cannoni ed i loro cingoli. Quando giunse l'ordine d'attacco, il maggior peso ricadde come sempre, sulle spalle dei fanti SS.

Due *PzKpfw.III* **della** *1.Kp/SS-Pz.Abt.5* **a Prochladny (***Collezione Charles Trang***).**

L'*SS-Gruf.* Steiner aveva deciso di sorprendere il nemico, attaccando nella vallata del Kurp: larga tre chilometri, avrebbe consentito ai reparti di compiere una manovra ardita, ma bisognava superare due trincee anticarro ed affrontare una brigata ed una divisione sovietica. I reparti sovietici si erano ben trincerati sulle colline di Malgobeck a nord e Ssagopshin a sud, la cui altezza variava tra i cinquecento ed i settecento metri. Il fronte di attacco misurava circa sette chilometri, troppi per l'*SS-Gruf.* Steiner. E non solo, era necessario penetrare per almeno sei chilometri le difese nemiche per raggiungere la *Grusinische Heerstrasse*, l'obiettivo finale dell'operazione. Sloggiare i Sovietici dalle loro posizioni appariva però molto difficile. L'*SS-Gruppenführer* Steiner, determinato a portare a termine la missione, riunì i suoi comandanti di reparto e diede gli ultimi ordini: "*...la divisione attaccherà su quattro colonne parallele. Noi avanzeremo da ovest ad est, seguendo la vallata. Il* Nordland, *attaccherà in direzione di Malgobeck da una parte all'altra della vallata e* *tenterà di stabilire due punti di appoggio su ciascuna sponda del fiume, all'altezza delle trincee anticarro. Il Battaglione corazzato dovrà stabilire una testa di ponte tra le difese nemiche e sbucare nella vallata con i suoi panzer. Il* Westland, *sarà impegnato insieme ai nostri* panzer *e tenterà di neutralizzare il nemico nella borgata di Ssagopshin. Quanto ai pionieri di Schäfer, procederanno lungo il fiume Kurp".* Sembrava un piano semplice, almeno sulla carta.

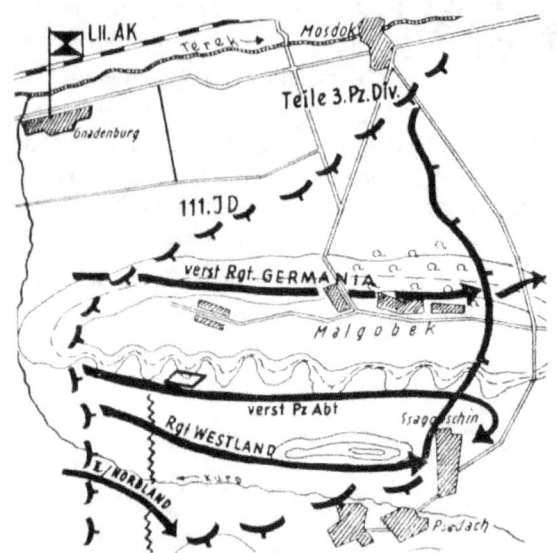

Direttrici degli attacchi contro Ssagopschin e Malgobek.

SS-Uscha. con una MP-40.

L'SS-Staf. von Scholz, a sinistra e l'SS-Stubaf. Mühlenkamp, discutono con altri ufficiali, l'attacco nella valle del Kurp.

Ma sul terreno, l'operazione appariva molto più difficile di quanto avevano previsto gli ufficiali dello stato maggiore della *Wiking*. Il *Nordland* doveva attaccare per primo: l'*SS-Staf.* von Scholz suddivise a sua volta le sue forze. A nord della vallata del Kurp, sulle alture dove sorgeva la città industriale di Malgobeck, dovevano avanzare i granatieri del *I.Bataillon* di Polewacz e del *III.Bataillon* di Plöw. A sud, dovevano invece avanzare i fanti del *II.Bataillon* di Stoffers. L'obiettivo dell'attacco del *Nordland* non era tanto quello di occupare posizioni, quanto quello di coprire l'attacco del Battaglione corazzato di Mühlenkamp e dei reparti del *Westland*, ai quali era stata assegnata la missione di penetrare nella vallata per conquistare la posizione di Ssagoshpin e controllare alla fine dell'attacco, la *Grusinische Heerstrasse*. Durante la notte tra il 25 ed il 26 settembre, Tedeschi e Scandinavi guadagnarono le loro posizioni per l'attacco, con l'equipaggiamento d'assalto. Il *I.Bataillon* dell'*SS-Stubaf*. Polewacz, si mise in marcia tra le tenebre: i suoi soldati dovevano occupare le basi delle montagne per sostenere i loro camerati che dovevano procedere nella vallata del Kurp. I movimenti si svolsero nella più assoluta oscurità, nessuno aveva potuto esplorare il terreno, l'unica cosa certa era che di fronte, i Sovietici erano numerosi e ben trincerati. L'*SS-Hstuf*. Bluhm, comandante della *3.Kompanie*, aveva riunito i suoi comandanti di plotone per dare gli ultimi ordini.

Soldati del *Nordland* in marcia, seguiti da alcuni *panzer*.

L'*SS-Gruf*. Felix Steiner.

L'*SS-Stubaf*. Harry Polewacz.

Alle prime luci dell'alba, si diresse con loro verso un'altura per osservare il terreno dove si sarebbe combattuto. Gli uomini erano pronti, il fucile alla mano e qualche granata conficcata nel cinturone. Il sole si levò lentamente. Alle cinque del mattino, l'artiglieria tedesca aprì il fuoco. I volontari germanici udivano molto distintamente i proiettili che passarono sopra le loro teste. Nel giro di qualche decina di minuti, ricevettero l'ordine per l'assalto. L'artiglieria aveva fatto ben poco, visto che quando finì il suo bombardamento, i Sovietici erano ancora lì, con le armi in pugno pronti a difendere fino alla morte le loro posizioni. "...*Avanti!*" e gli uomini del *Nordland* saltarono fuori dai loro rifugi. I fanti della *3.Kompanie* di Bluhm si trovarono subito sotto il fuoco nemico. Come da manuale, gli uomini si dispersero sul terreno correndo come lepri. Poi si lanciarono di nuovo in avanti. Qualcuno non si rialzò più, colpito a morte o ferito. I proiettili sibilavano tra i campi di mais. Le mitragliatrici *Maxim* dei Sovietici sparavano con un ritmo infernale, facendo molte vittime tra gli attaccanti. Uno dei primi a cadere fu proprio l'*SS-Hstuf*. Friedrich Bluhm, la gola attraversata da un proiettile nemico.

Soldati della *Wiking* al riparo, nell'attesa di ripartire all'attacco.

Fanti della *Wiking* in battaglia.

Poi fu la volta, dell'*SS-Ustuf*. Hantke[1], comandante del primo plotone, a cadere sotto il fuoco nemico e restare gravemente ferito. L'*SS-Ostuf*. Hannibal Skorpil[2], comandante del plotone armi pesanti, tentò di appoggiare i suoi camerati con il fuoco delle sue armi automatiche e dei suoi mortai. Ma in breve tempo, si ritrovò anche lui sotto il fuoco nemico, ricevendo un colpo in pieno petto mentre tentava di correggere il tiro di una delle sue mitragliatrici. Nello stesso tempo, il primo tiratore danese Johannsen, rimase gravemente ferito da una pallottola alla testa. Il suo camerata, il piccolo norvegese Arne, pur sotto il fuoco nemico, riuscì a trasportarlo nelle retrovie. Arrivò nei pressi delle posizioni dei mortai, dove l'*SS-Rottenführer* Hermsen fu colpito da un proiettile al ventre. Le perdite si stavano facendo pesanti e dopo solo mezzora dall'inizio dell'attacco, metà degli uomini erano già fuori combattimento. La maggior parte dei graduati erano caduti per primi e gli uomini erano appiattiti al suolo, tra i campi di mais, bloccati dalla brutale reazione di fuoco dei Sovietici, ben trincerati nelle loro posizioni sulle montagne. Anche la situazione delle altre compagnie era critica: il comandante della 2./*Nordland*, l'*SS-Ostuf.* Tunner[3], era caduto in combattimento.

Una *MG-34* in posizione, per fornire fuoco di appoggio all'attacco.

Serventi di una *MG-34* in un campo di mais.

L'attacco del *Nordland* sembrava ormai bloccato. L'*SS-Staf.* von Scholz si portò personalmente in prima linea per fare il punto della situazione: egli sapeva benissimo che l'attacco del Battaglione corazzato e del Reggimento *Westland*, dipendevano dal successo iniziale di questa offensiva. Tedeschi, Fiamminghi e Olandesi, attendevano che i loro camerati avessero occupato le prime alture, per lanciarsi all'assalto dentro la vallata. Il vecchio 'Fritz' tentò di rilanciare a qualsiasi costo l'attacco del suo *I.Bataillon*, quindi inviò uno dei suoi ufficiali di ordinanza a prendere il comando della terza compagnia.

Riempimento delle borracce per dissetare i soldati.

Una squadra mitraglieri della *Wiking*, si concede un po' di riposo alla fine della battaglia, 1942.

Il *Panzergruppe* della *Wiking* si prepara all'attacco.

Anche questo ufficiale rimase però ferito, prima ancora di aver raggiunto i soldati bloccati nei campi di mais. Nel frattempo gli uomini della compagnia armi pesanti del *Nordland* erano riusciti a prendere posizione su alcune alture iniziando a fornire un migliore fuoco di appoggio ai loro camerati. L'*SS-Ostuf*. Michael Thöny[4], aiutante del I./*Nordland*, riuscì ad arringare gli uomini della terza compagnia e a rilanciarli all'assalto delle posizioni nemiche. Dopo qualche balzo, superarono un fossato, risalirono un pendio: dopo essere arrivati fino alle trincee occupate dai cecchini sovietici, li uccisero tutti con le granate a mano. Il primo ostacolo sembrava superato. Pieni di sudore, la lingua secca per la sete, il cuore che batteva freneticamente, gli uomini della terza compagnia si trincerarono sulla posizione appena raggiunta. Con essi c'era anche von Scholz, che si era battuto tra i suoi soldati con grande coraggio e ardore. Dalla nuova posizione si vedevano le case di Malgobeck e le installazioni petrolifere. "...*Il più è fatto!*", disse von Scholz. I suoi due battaglioni erano riusciti finalmente ad occupare le posizioni prestabilite. Più a sud, furono i soldati del Battaglione di Stoffers a sbaragliare con le pistole mitragliatrici e le granate a mano, i reparti sovietici a difesa dei fossati anticarro che sbarravano la strada che portava nella vallata. L'*SS-Staf*. von Scholz poté così riferire a Steiner, che il suo reggimento aveva portato a termine la missione.

I *panzer* di Mühlenkamp ed i fanti del *Westland* potevano ora lanciare l'attacco principale. Tutto per il momento si stava svolgendo secondo i piani di Steiner, malgrado le pesanti perdite riportate.

L'attacco dei panzer

La forza di attacco principale era costituita dal Battaglione corazzato della *Wiking*. L'*SS-Staf*. Mühlenkamp, che aveva ricevuto in rinforzo la compagnia cacciacarri dell'*SS-Hstuf*. Herbert Oeck[5], equipaggiata con cannoni semoventi *Marder*, sapeva che la prima difficoltà era rappresentata dal superamento del fossato anticarro che sbarrava l'entrata nella vallata e non faceva troppo affidamento sul *Westland* per neutralizzare le difese sovietiche. Alle prime luci dell'alba, diede i suoi

L'*SS-Hstuf*. **Herbert Oeck, a bordo del suo** *Marder.*

ordini: "*..prima ondata, la prima compagnia dell'*Ostuf. *Schnabel, rinforzata da due plotoni della terza compagnia. Seconda ondata, la seconda compagnia dell'*Ostuf. *Flügel, con un plotone della terza compagnia. L'*Hstuf. *Darges comanderà questa seconda formazione, pronta ad intervenire in ogni momento*". La prima ondata comprendeva venticinque carri e la seconda venti. Erano abbastanza per travolgere le difese sovietiche, ma restava quel maledetto fossato da superare prima della vallata.

Il *panzer '224'* **avanza nella valle del Kurp, con gli altri carri, controllando le posizioni nemiche.**

I fanti della *Wiking* seguono l'avanzata dei *panzer*.

Il *PzKpfw.IV '311'* durante l'attacco alle posizioni sovietiche.

C'era molta nebbia e questo rischiava di compromettere l'operazione. Non si vedevano le alture di fronte che dominavano da sud e da nord la vallata del Kurp. Tuttavia, la nebbia permise ai *panzer* di avanzare senza essere scorti dal nemico. I corazzati SS giunsero così indenni al fossato anticarro. Poi, verso le dieci del mattino, Mühlenkamp lanciò l'ordine d'attacco. I *panzer* si misero in marcia e presero posizione nella vallata. I carri rullarono sul terreno, si fermavano per tirare, poi ripartivano. Gli avamposti sovietici furono colpiti duramente. Le esplosioni si moltiplicarono, echeggiando in tutta la valle. I nidi di mitragliatrici furono distrutti uno dopo l'altro. Le postazioni anticarro sovietiche, dopo essere state individuate, fecero la stessa fine. Subito dietro ai *panzer*, si lanciarono i fanti del *I./Westland*, agli ordini dell'*SS-Stubaf.* von Hadeln. Sul campo di battaglia erano presenti ancora numerosi fanti sovietici che continuavano a battersi ostinatamente. I volontari germanici furono accolti da un massiccio fuoco di sbarramento nemico e molti caddero, attraversando le prime trincee. Dalle retrovie intervenne anche l'artiglieria sovietica, che prese a 'battere' il fronte d'attacco nemico, cannoni ed organi di Stalin. La terra iniziò a tremare. Apparve anche qualche carro sovietico per tentare di ostacolare la marcia dei *panzer* tedeschi. Il plotone corazzato dell'*SS-Ustuf*. Hans Wilde della prima compagnia, riuscì ad attraversare il fossato anticarro per primo. I *panzer* della *Wiking* incontrarono una forte resistenza, pezzi anticarro e mitragliatrici, tentarono di bloccare l'ingresso nella vallata disperatamente. La prima ondata corazzata sembrava tuttavia inarrestabile. Senza preoccuparsi delle pallottole e delle esplosioni che colpivano le corazze dei suo mezzi, l'*SS-Ustuf*. Wilde diede l'ordine di avanzare verso est e di stabilire una testa di ponte. Poco gli importava di lasciarsi dietro dei nemici, sarebbero stati eliminati dagli altri plotoni della compagnia Schnabel.

PzKpfw.IV della *Wiking*, durante l'attacco alle posizioni sovietiche, insieme ad alcuni fanti SS.

Il prossimo obiettivo della prima compagnia, una volta superato il fossato anticarro, era una piega del terreno, di fronte alla linea d'attacco, che andava da nord a sud. Era una eccellente base di partenza per il successivo assalto contro le posizioni nemiche in fondo alla valle. Tuttavia le difese sovietiche erano disposte in profondità ed erano molto più solide di quanto era stato previsto. I *panzer*, bloccati dal fuoco nemico, furono così costretti a cercare riparo prima di poter raggiungere la piega del terreno situata più ad est.

Formidabile dispiegamento di carri durante l'attacco nella valle del Kurp.

Ma non era tutto: la nebbia nel frattempo si era dileguata e tutto il paesaggio improvvisamente si era rischiarato grazie ad un superbo sole che illuminò tutta la vallata. Dalle loro posizioni elevate, i Sovietici poterono così facilmente bersagliare la cinquantina di *panzer* della *Wiking* ammassati nella vallata. La situazione si fece subito critica.

L'*SS-Hstuf*. **Fritz Darges.**

L'*SS-Staf*. Mühlenkamp non pensò per un attimo di ripiegare, anzi pensava di trovare in avanti una soluzione al problema. Se la prima ondata di carri era stata bloccata, allora la seconda doveva intervenire per travolgere le difese sovietiche. Ordinò quindi via radio, all'*SS-Hstuf*. Darges di attaccare. Questi lanciò i suoi *panzer* all'assalto con successo ed allo stesso tempo anche Schnabel riprese a sua volta l'attacco. I *panzer* penetrarono nella vallata proseguendo verso est a grande velocità. E così, nel primo pomeriggio, i carri riuscirono a portarsi su una posizione riparata, a circa due chilometri a sud-ovest di Malgobeck. L'artiglieria sovietica continuava da parte sua a tirare senza sosta, senza preoccuparsi minimamente dell'eccessivo consumo di munizioni. I fanti del *Nordland* e del *Westland* erano ancora bloccati davanti alle pendici che dovevano scalare per l'ultimo corpo a corpo. Nella serata del 26 settembre, l'attacco corazzato era progredito verso est, di quattro-cinque chilometri, ma tutti gli obiettivi erano ancora lontani dall'essere raggiunti. I fanti del *Westland* erano stati così pesantemente bersagliati dal fuoco sovietico, che gli equipaggi dei carri erano stati costretti a provvedere da soli alla loro difesa ravvicinata.

Una squadra mitraglieri impegnata a trincerarsi su un'altura (*Collezione Michael Cremin*).

Gli operatori radio si battevano a lungo con le mitragliatrici di bordo, per ridurre al silenzio le isole di resistenza del nemico. La penetrazione dei *panzer* aveva sì travolto le difese sovietiche, ma non le aveva completamente annientate.

Soldati del *Westland* tra i campi di mais a Ssagopschin.

La fanteria sovietica superstite, continuava a battersi rallentando l'avanzata tedesca. Sopraggiunta la notte, i combattimenti si fermarono. Le tenebre furono rischiarate di tanto in tanto dai proiettili traccianti, faceva freddo e c'era molta umidità. Quando si levò il giorno del 27 settembre, una mattinata grigia, la situazione continuò ad essere molto critica. I *panzer* della *Wiking* erano sempre immobilizzati nella vallata. Per tutta la giornata subirono attacchi sui fianchi, soprattutto nel settore di Ssagoshpin, dove i fanti del *Westland* si stavano battendo duramente. Il *II./Westland* aveva ricevuto a sua volta l'ordine di attaccare: la reazione sovietica fu però devastante. I fanti e i carri della *Wiking* si ritrovarono contro il fuoco dei numerosi pezzi anticarro sovietici, dell'artiglieria e delle altrettanto numerose batterie lanciarazzi *Katiuscia*. Le perdite furono subito pesanti, ovunque c'erano dei morti e dei feriti. La *5./Westland* fu l'unità che subì maggiori perdite. Dalle parole di un testimone, la crudezza dei combattimenti: "...*il valore degli uomini e l'addestramento eccezionale non salvarono dalla morte decine e decine di camerati; alcuni di loro, feriti e grondanti di sangue continuavano a correre verso le linee nemiche sparando alla cieca. Il campo di battaglia era ricolmo di cadaveri; i portaferiti e gli infermieri erano bloccati dal fuoco nemico che continuava a sparare su qualunque cosa si muovesse. Molti vennero lasciati a morire sul campo di battaglia senza alcun soccorso, lasciati con le loro ferite ed il loro dolore ad accogliere la morte*". All'improvviso un terribile frastuono attraversò l'aria, quasi come se i Sovietici volessero rispondere al rombo dei *panzer* nella vallata: caccia e bombardieri entrarono in azione attaccando i carri e i fanti della *Wiking*. I Sovietici impiegarono aerei americani, costringendo gli attaccanti a rinunciare ad un nuovo assalto. Mühlenkamp e von Hadeln rinunciarono quindi ad attaccare Ssagopshin frontalmente, optando per un movimento aggirante da sud. I soldati SS salirono quindi a bordo dei *panzer*.

Panzer e soldati SS, impegnati nel settore di Ssagopschin.

Soldati SS penetrano in un villaggio, durante l'assalto.

Postazione difensiva della *Wiking* con una *MG-34*.

Giovani soldati della *Wiking*, autunno 1942.

I carri avanzarono, travolgendo al loro passaggio barriere e alberi, fino a giungere alle prime case del villaggio. La fanteria sovietica fu annientata nelle sue stesse trincee. Qualche *panzer* finì distrutto dal fuoco nemico, ma niente sembrava frenare l'attacco. I soldati di von Hadeln saltarono a terra, impegnandosi a combattere con le pistole mitragliatrici, le granate a mano e le baionette. I Sovietici avevano trasformato ogni casa in un piccolo *bunker*. I soldati SS, pur esausti, riuscirono alla fine a prendere il controllo del villaggio, dalla quale si dominava tutta la valle del Kurp. Per tutto il resto della giornata, i Sovietici lanciarono dei contrattacchi per tentare di riconquistare il terreno perduto, innescando dei feroci combattimenti corpo a corpo, tra le case e i giardini. I soldati SS difesero strenuamente le rovine di Ssagopshin, grondanti di sudore, neri come spazzacamini, con le uniformi completamente fatte a brandelli. I feriti in grado ancora di maneggiare le armi, con le bende insanguinate, continuavano a battersi al fianco dei loro camerati. Giunsero di rinforzo i pionieri SS dell'SS-*Stubaf*. Schäfer, dopo essere avanzati lungo il fiume ed aver preso posizione sulla sponda meridionale del Kurp. Di fronte a loro, un battaglione di fanteria sovietico lanciò ripetuti attacchi per tentare di annientare i pionieri della *Wiking*.

Una *MG-34*, apre il fuoco contro il nemico.

Un *PzKpfw.III Ausf. L* della *Wiking*.

L'attacco del Nordland

Mentre i reparti del *Westland* attaccavano disperatamente le posizioni sovietiche davanti a Ssagopschin, i soldati del Reggimento *Nordland* erano sempre impegnati sulle montagne ad ovest di Malgobeck. I tre battaglioni di von Scholz erano bloccati nelle loro trincee, incapaci di proseguire l'attacco. Una brigata corazzata sovietica era riuscita a raggrupparsi, lanciando un contrattacco nella vallata per respingere i reparti SS. I soldati del *Nordland* videro sorgere dalla bruma mattutina dei corazzati sovietici lanciati a tutta velocità contro le loro posizioni. Le armi automatiche entrarono subito in azione, così come i pochi pezzi anticarro presenti. Giunsero di rinforzo alcuni *panzer* che affrontarono a viso aperto i carri nemici, mentre la fanteria sovietica finì falciata dal fuoco delle mitragliatrici. I Sovietici ripiegarono su una nuova posizione difensiva improvvisata, sbarrando nuovamente la strada ai Tedeschi. I carri tedeschi per sfuggire al fuoco nemico dovettero ripiegare a loro volta, poi la situazione si stabilizzò nuovamente. Il giorno dopo, per la prima volta dall'inizio della battaglia, delle pattuglie del *Westland* e del *Nordland* riuscirono a stabilire il collegamento tra i loro reparti. Il 28 settembre, si levò nuovamente con una spessa nebbia e l'*SS-Stubaf*. Mühlenkamp decise di approfittarne: lanciò all'attacco l'*SS-Hstuf*. Darges con un plotone della sua compagnia e tutta la seconda compagnia di Flügel, in tutto una ventina di *panzer*. Questi si infiltrarono nella vallata, aggirando Ssagoshpin da est: la nebbia si rivelò il più prezioso degli alleati. Con un rapido assalto, i reparti di Darges e Flügel, riuscirono a minacciare la strada grusiniana, una delle arterie vitali per i rifornimenti dei Sovietici, che portava da Tiflis e da Ordzhonikidze, per giungere fino a Mozdok sul fiume Terek.

Un sottufficiale SS armato con una *MP40*.

Il nemico, sentendosi minacciato, contrattaccò furiosamente e durante la notte i *panzer* furono costretti ad abbandonare il terreno conquistato: con i loro carri penetrarono le difese sovietiche alle loro spalle e raggiunsero le linee amiche. Nel corso dell'azione, Fritz Darges rimase gravemente ferito. Quell'azione insegnò alla *Wiking*, che prima di lanciare qualsiasi altro attacco, era necessario che i fanti del *Westland* e del *Nordland* avessero conquistato prima le colline che dominavano la valle. Infatti, un nuovo attacco della *1.Panzer-Kompanie* fu nuovamente bloccato sul nascere dal fuoco nemico. L'*SS-Ostuf.* Günter Schnabel rimase gravemente ferito, mentre l'*SS-Ustuf.* Max Kolodziey[6], comandante di plotone, rimase ucciso: la torretta del suo carro fu completamente staccata dallo scafo da un tiro dell'artiglieria sovietica. Anche gli altri due comandanti di plotone della

prima compagnia, l'*SS-Ustuf.* Karl Hübner e l'*SS-Ustuf.* Hans Wilde, restarono gravemente feriti in combattimento. L'*SS-Stubaf.* Mühlenkamp lasciò per qualche istante il suo carro comando per rendersi meglio conto della situazione. Pochi istanti dopo vide il suo *panzer*, a pochi metri da lui, colpito in pieno dall'artiglieria nemica. Restò ucciso al suo fianco, l'*SS-Ustuf.* Hans-Georg Köntopp.

Note

(1) Heinz Hantke, nato il 21 dicembre 1918 a Thomasdorf, SS-Nr. 400 082. Aveva servito nella *8./LSSAH* e nella *12./SS-Inf.Rgt. 'Nordland'*.

(2) Hannibal Skorpil, nato il 1° luglio 1916. In precedenza aveva servito nella *4./SS-Inf.Rgt. 'Nordland'*.

(3) Wolfang Tunner, nato il 26 novembre 1916 a Graz in Austria, SS-Nr. 357 273. Aveva servito nella *7./Sta. 'Der Führer'* e nella *10./'Der Führer'*.

(4) Michael Thöny, nato il 24 novembre 1915 a Monaco, SS-Nr. 353 108.

(5) Herbert Oeck, nato il 17 maggio 1913 a Berlino, SS-Nr. 51 152. In precedenza aveva servito nella *LSSAH*, nella *2./SS-Aufkl.Abt. 'SS-VT'* e poi al comando della *3./SS-Pz.Jg.Abt. 'Wiking'*.

(6) Max Kolodziey, nato il 24 ottobre 1919 a Bertelsdorf, SS-Nr. 319 493. Aveva frequentato la *SS-Junkerschule* di Braunschweig, prima di essere assegnato alla *1./SS-Pz.Abt. 'Wiking'*.

La battaglia continua

Ben sostenuti dalla loro artiglieria, i reparti sovietici tornarono a lanciare attacchi su attacchi. Ogni volta, malgrado le pesanti perdite, i fanti sovietici riuscivano ad avanzare e guadagnare un pò di terreno. L'*SS-Gruf*. Steiner comprese che doveva lanciare subito un nuovo attacco, impiegando gli ultimi *panzer* del battaglione corazzato ed i soldati dell'*SS-Stubaf*. von Hadeln: "...*muoveranno durante la notte, prendendo posizione tra il Westland ed il Nordland*", ordinò il comandante della *Wiking*. Il battaglione corazzato era uscito molto malconcio dagli ultimi attacchi, si contavano decine di caduti e numerosi carri distrutti. Quelli che non potevano essere riparati, furono distrutti. Giorno e notte, gli uomini dell'officina riparazioni, diretti dall'*SS-Ustuf*. Erich Weise, lavorarono incessantemente per rimettere in sesto un buon numero di mezzi. Il nuovo attacco allentò temporaneamente la pressione nemica ma non spostò la linea del fronte in avanti.

L'*SS-Ustuf*. Erich Weise.

Manutenzione di un *PzKpfw.III Ausf.N* da parte dei meccanici.

L'*SS-Gruf*. Steiner segue la battaglia.

La progressione delle forze tedesche nel Caucaso era ormai bloccata. E questo, alla vigilia della stagione autunnale, poteva considerarsi un vero e proprio disastro. Ciò che inquietava maggiormente gli ufficiali della *Wiking*, era senza dubbio, la nuova attitudine dei soldati sovietici. I Tedeschi si erano ritrovati di fronte, un nemico dal morale elevato, ben equipaggiato con carri pesanti, aerei e batterie lanciarazzi. La resistenza non era soltanto coraggiosa e accanita, ma anche ben condotta. I Sovietici avevano già dato prova in passato di spirito di sacrificio, ma ora, avevano imparato anche a combattere.

L'arrivo del 'Germania'

La divisione *Wiking* doveva rinunciare per il momento ad attaccare, poiché anche negli altri settori, le unità della *Panzerarmee* di von Kleist non erano riuscite ad effettuare alcuna

79

penetrazione. I volontari germanici continuarono così ad occupare posizioni difensive a sud di Malgobeck. Il comando tedesco tuttavia, valutò che i reparti di Steiner fossero troppo incuneati tra le linee nemiche e che fosse necessario riallineare la linea del fronte, con una nuova offensiva su vasta scala. L'*SS-Gruf.* Steiner si mostrò subito alquanto perplesso circa le reali possibilità di un nuovo attacco. In un colloquio con il *Generaloberst*, alla richiesta di rinforzi con i quali lanciare l'assalto, von Kleist gli rispose: "...*ma con il vostro terzo reggimento, il Germania, che non è stato ancora impegnato su questo fronte*".

Generale Ewald von Kleist.

Soldati del *'Germania'* sulle colline ad ovest di Malgobeck.

Preparazione dell'attacco contro Malgobeck: da sinistra, l'*SS-Hstuf.* Hack, comandante del *III./Germania*, il Generale Ott, comandante del *LII.Armee-Korps* e l'*SS-Stubaf.* von Hadeln del *I./Westland*.

L'*SS-Staf.* Wagner ed i suoi tre battaglioni erano attesi per l'indomani, provenienti dal Caucaso occidentale. Questa volta l'attacco doveva essere diretto verso Grozny. Una volta conquistata questa zona petrolifera, von Kleist sperava di poter continuare la sua avanzata verso est e di giungere sulle rive del Mar Caspio. Il *Germania* arrivò nel settore con due dei suoi tre battaglioni, quelli di Dieckmann e Jörchel. Con essi anche un gruppo di artiglieria della divisione. La data dell'attacco venne fissata per il 5 ottobre. In appoggio, l'*SS-Gruf.* Steiner fornì ciò che gli restava delle due compagnie corazzate, una ventina di carri in tutto. Anche gli altri due reggimenti della *Wiking* avrebbero partecipato, il *Nordland* a protezione del fianco meridionale ed il *Westland* in riserva, pronto ad intervenire. Nello stesso tempo, il Battaglione esploratori dell'*SS-Stubaf.* Otto Paetsch, prese posizione ad ovest di Ssagoshpin, a protezione del fianco meridionale dell'offensiva.

Un *PzKpfw.III Ausf. J* della *1.Panzer-Kompanie.*

Nel pomeriggio del 4 ottobre, tutti i comandanti di reparto che dovevano partecipare alla nuova offensiva, si riunirono presso il posto di comando dell'*SS-Staf.* Wagner. Il comandante del *'Germania'*, aveva preteso che anche i comandanti delle piccole unità del suo reggimento fossero presenti alla riunione. Si discusse fino a tarda sera, per fissare bene tutti i dettagli dell'operazione. In quella stessa giornata del 4 ottobre, il generale von Kleist, impaziente circa l'inizio dell'attacco della *Wiking*, inviò il seguente radiomessaggio all'*SS-Gruf.* Felix Steiner: "...*l'intera Armata guarda alla vostra divisione. Voi avete il compito di aprire la strada per Grozny. Io mi aspetto che le vostre avanguardie corazzate siano già in questa giornata alle 18:00 a Ssagopschin*". Durante la notte tra il 4 ed il 5 ottobre, i reparti della *Wiking* si raggrupparono nell'area antistante la zona collinosa di Malgobeck.

Un mitragliere della *Wiking* prepara le munizioni.

L'attacco contro Malgobeck

L'attacco contro Malgobeck iniziò alle 4:30 del 5 ottobre 1942. In avanti, a guidare l'assalto c'erano i soldati della *1.Kp./Germania*, agli ordini dell'*SS-Hstuf.* Hans Dorr, che era stato decorato qualche giorno prima, esattamente il 27 settembre 1942, con la Croce di Cavaliere per essersi distinto durante i combattimenti sul Kuban. La maggior parte dei comandanti di reparto, salì a bordo dei carri per avere una migliore visione del campo di battaglia ed allo stesso tempo agire in stretto collegamento con i loro camerati dei plotoni corazzati. Per appoggiare l'attacco anche dall'alto, era stato previsto l'intervento di una squadriglia di bombardieri in picchiata *Stukas*. Come reparti di fanteria in appoggio c'erano inoltre i soldati dell'*Infanterie-Regiment 70*, della *111.Infanterie-Division*, agli ordini dell'*Oberst* Tronnier. I due battaglioni d'assalto del *Germania*, il *I.* ed il *II.Bataillon*, giunsero verso le undici, davanti alle prime case di Malgobeck: furono però bloccati dalla forte resistenza nemica. I *Panzer*, bloccati più indietro sul terreno accidentato e fortemente ondulato, non riuscirono a fornire fuoco di appoggio. L'*SS-Staf.* Wagner chiese allora via radio, l'intervento degli *Stukas*: dopo aver atteso circa una mezz'ora, spuntarono dal cielo, una ventina di bombadieri in picchiata, che devastarono l'abitato di Malgobeck per circa un'ora. Subito dopo l'incursione aerea, i fanti del *Germania* e dell'*Oberst* Tronnier, si lanciarono all'assalto delle posizioni sovietiche, ingaggiando furiosi scontri corpo a corpo tra le macerie fumanti di Malgobeck.

Un soldato SS a colloquio con un carrista, durante l'attacco contro Malgobeck.

Soldati del *'Germania'* dentro Malgobeck (*Charles Trang*).

I pochi superstiti nemici sopravvissuti al bombardamento degli *Stukas*, si batterono fino all'ultimo come diavoli, contendendo ai Tedeschi ogni palmo di terreno. Solo verso le due del pomeriggio, Malgobeck fu completamente nelle mani dei reparti tedeschi. Il *Germania* lamentava una trentina di caduti e più di duecento feriti. Una vittoria pagata a caro prezzo, ma Wagner poteva ritenersi soddisfatto per essere riuscito laddove gli altri reparti tedeschi avevano fallito per giorni. Caduta Malgobeck, i Sovietici lanciarono in battaglia alcune formazioni corazzate lungo la strada per Grozny, nel tentativo di colpire sul fianco, proprio le nuove posizioni del *Germania*. Grazie però all'intervento dei reparti anticarro e dei fanti del *II./Nordland*, i carri sovietici furono costretti a ritirarsi. Il 6 ottobre, l'offensiva tedesca riprese: in tutta la regione regnava una spessa bruma che deformava il paesaggio dandogli un aspetto tenebroso, limitando notevolmente la visibilità. I soldati SS del *Germania* riuscirono dopo nuovi combattimenti corpo a corpo, a conquistare tutte le posizioni nemiche ad est di Malgobeck, incluso un deposito di petrolio completamente intatto. I volontari germanici erano riusciti a raggiungere la strada 'grusiniana' e a intercettare alcuni convogli di materiale americano che gli Stati Uniti avevano inviato ai Sovietici attraverso il golfo Persico e l'Iran.

Panzer della *1.Kompanie* del battaglione corazzato della *Wiking*, pronti a muovere all'attacco.

Il comandante Steiner consegna la *Ritterkreuz* all'*SS-Obf.* Gille.

A quel punto, la puntata offensiva dei reparti tedeschi si arrestò nuovamente, perché nel frattempo i Sovietici erano riusciti a far affluire in zona un'intera divisione di fanteria e numerose batterie lanciarazzi.

Nella giornata dell'8 ottobre, il fronte si stabilizzò nuovamente, con i reparti sovietici e tedeschi che passarono sulla difensiva, consolidando le posizioni raggiunte: i reparti della *Wiking* da parte loro, stabilirono un fronte continuo tra i villaggi di Keskem e Malgobeck.

In quella stessa giornata, il comandante del reggimento di artiglieria della *Wiking*, l'*SS-Oberführer* Herbert Otto Gille fu decorato con la Croce di Cavaliere, per l'estremo valore dimostrato in battaglia.

L'inferno sulla quota 701

L'*SS-Stubaf*. **Collani a colloquio con l'***SS-Ostuf***. Deck.**

Non contento dei risultati raggiunti dalla *Wiking*, von Kleist chiese a Steiner di strappare al nemico la quota 701, una collina ad est di Malgobeck, per poter continuare la progressione verso Grozny. Dalla sua sommità si poteva controllare il traffico lungo la strada grusiniana. Per l'azione, su personale suggerimento dello stesso von Kleist, fu designato il *III./Nordland*, il Battaglione Finlandese, agli ordini dell'*SS-Stubaf*. Hans Collani. L'*SS-Ostuf*. Tauno Pohjanlehto, originario di Sunila, partecipò all'assalto con la sua nona compagnia. La quota, fortemente difesa dai reparti sovietici, fu attaccata vanamente per ben otto giorni dai volontari finlandesi della *Wiking*. Tra di essi c'erano molti veterani della guerra d'inverno contro la Russia sovietica e molti si erano già battuti sul fronte dell'est, tuttavia nessuno aveva mai visto un simile inferno. Dopo giorni e giorni di ripetuti assalti, i Finlandesi erano ancora ai piedi della collina, bloccati dal fuoco di sbarramento dei Sovietici, dopo aver subito pesanti perdite: la nona compagnia era rimasta con poche decine di uomini, la decima e l'undicesima erano state raggruppate insieme per formare un'unica unità d'assalto composta da una quarantina di uomini.

Postazione difensiva finlandese a Malgobeck, ottobre 1942.

Solo la dodicesima, quella pesante, era ancora a pieno organico. L'*SS-Ostuf*. Pohjanlehto aveva trovato rifugio in un *bunker* sovietico abbandonato con i resti della sua compagnia.

84

Il volontario Antero Lanerva della *10./Nordland*, nella sua trincea sulle colline di Malgobeck.

Volontari finlandesi del *III./Nordland*, prima dell'attacco alla quota 701.

Una *MG-34* del *III./Nordland* pronta ad aprire il fuoco.

Gli uomini erano tutti affamati e sporchi. Durante la notte tra il 15 ed il 16 ottobre, piombò improvvisamente nel *bunker* l'*SS-Stubaf*. Collani. Fu subito accesa una candela. I volontari finlandesi si spostarono per fare spazio al loro comandante, non c'era nulla da mangiare, ma venne fuori una bottiglia di vino rosso. Il comandante del battaglione riferì che l'indomani ci sarebbe stato un nuovo assalto guidato proprio da Pohjanlehto con i superstiti delle compagnie finlandesi, mentre la compagnia dell'*SS-Ostuf*. August Mühlinghaus[1], avrebbe fornito fuoco di appoggio con le sue armi pesanti, mortai e mitragliatrici. In appoggio ci sarebbe stata anche una mezza compagnia corazzata della *Wiking*. Fu deciso che l'attacco sarebbe stato lanciato senza fuoco di preparazione dell'artiglieria per tentare di cogliere il nemico di sorpresa. All'alba, una fitta nebbia avvolse la vallata e la stessa sommità della quota 701: i volontari finlandesi dopo aver recuperato le loro armi ed il loro equipaggiamento si prepararono ad attaccare per l'ennesima volta le posizioni nemiche. Dopo pochi minuti, coperti dalla bruma, arrivarono a ridosso delle prime trincee sovietiche, sfruttando l'effetto sorpresa. "*...Avanti!*", urlò con tutta la sua forza, l'*SS-Ostuf*. Pohjanlehto. I suoi uomini lo seguirono nell'assalto in mezzo alla nebbia, risalendo rapidamente il pendio. Questa volta i Sovietici reagirono, iniziando a sparare sui Finlandesi.

Un pezzo anticarro da 50mm della *Wiking*, **impegnato a colpire le posizioni sovietiche.**

In quel momento entrò in azione anche l'artiglieria tedesca, che iniziò a colpire la sommità della quota 701. Anche i *panzer* della *Wiking*, giù nella vallata, fornirono fuoco di appoggio all'azione. La quota 701 divenne in poco tempo un vulcano fumante. I soldati sovietici, la maggior parte dei quali feriti, continuarono tuttavia a resistere strenuamente. I volontari di Collani giunsero ben presto al corpo a corpo con il nemico. Fu richiesto l'intervento dei *panzer* per poter portare a termine la conquista della quota. Ma ne arrivarono solo due, i quali dopo aver tirato alcuni colpi contro i *bunker* sovietici più coriacei, alla fine furono costretti a ripiegare, per sfuggire al fuoco di sbarramento nemico. I volontari finlandesi furono così lasciati da soli a combattere. All'improvviso una granata sovietica finì in mezzo ai finlandesi del gruppo Pyyhtiäs: numerosi uomini restarono uccisi o feriti e lo *Sturmmann* Kesti volò letteralmente in aria per effetto dell'esplosione. L'*SS-Uscha.* tedesco Metz, dopo aver raccolto una granata lanciata dai Sovietici, nel momento di rilanciarla al mittente, fu colpito al braccio da un proiettile nemico. La granata finì a terra, esplodendo tra le sue gambe. Crivellato di schegge, il sergente morì pochi istanti dopo.

Un *PzKpfw.III* della *Wiking*, **nel settore di Malgobeck** (*Collezione Giorgio Bussano*).

Soldati della *Wiking* muovono all'assalto. In primo piano, un tiratore scelto con il suo fucile dotato di ottica.

Una mitragliatrice sovietica a caricatore circolare *Degtyarev*, catturata da un soldato SS ed impegnata in combattimento sul fronte di Malgobeck, settembre 1942.

Un altro *Unterscharführer*, il finlandese Miettinen, riuscì a balzare sulle posizioni nemiche, ma quando fu sul punto di ingaggiare il corpo a corpo, fu colpito da una pallottola in pieno ventre. Prima di accasciarsi al suolo, ebbe però la forza di scaricare tutto il caricatore della sua pistola mitragliatrice, uccidendo almeno quattro, cinque soldati sovietici. L'*SS-Ostuf.* Pohjanletho si guardò intorno, sembrava di essere all'inferno: la sua fronte bruciava, le sue tempie pulsavano, la gola completamente chiusa. Intorno a sé non c'erano che uomini feriti o completamente paralizzati dalla paura, le pallottole nemiche sibilavano in tutte le direzioni. Per sfuggire al fuoco nemico, Pohjanletho ed il volontario Sakari, si buttarono in una buca. Le pallottole nemiche continuavano a passare sopra le loro teste. In un'altra buca, a pochi metri di distanza, c'era un soldato sovietico. Ripresosi un attimo dallo shock della battaglia, Pohjanletho scoprì sul bordo della trincea nemica una grossa mitragliatrice a caricatore circolare. Attese qualche istante, poi quando il soldato nemico

tentò di uscire dalla sua buca, gli scaricò addosso tutto il caricatore della sua pistola mitragliatrice. Subito dopo, incitò nuovamente i suoi uomini ad avanzare: "...*Avanti!*", urlò ancora con tutta la sua forza! Dopo aver percorso pochi metri, i volontari finlandesi giunsero finalmente sulla cresta della maledetta quota 701, dopo aver distrutto alcuni pezzi anticarro sovietici con le granate a mano: "...*ora i nostri panzer possono avanzare indisturbati!*", poté riferire soddisfatto. I *Panzer* della *Wiking* risalirono quindi nuovamente lungo il pendio, facendo ansimare i loro motori. I cingoli mordevano il terreno facendo saltare numerose zolle in tutte le direzioni. Insieme ai carri giunse anche l'*SS-Ostuf.*

August Mühlinghaus, comandante della *11./Nordland*. Portò con sé munizioni, caricatori per le pistole mitragliatrici e granate a mano. Con l'arrivo dei carri, i sovietici superstiti cessarono qualsiasi resistenza uscendo dai loro *bunker* con le mani in alto.

Postazione difensiva della Wiking sul fronte di Malgobeck, autunno 1942.

Un *PzKpfw.III* della *Wiking* con alcuni soldati a bordo, durante una pausa.

Un *panzer* con l'equipaggio al completo della *1.Pz.Kp*.

I volontari finlandesi riuscirono a recuperare al nemico moltissimo materiale: pezzi anticarro, cannoni di fanteria, mitragliatrici pesanti, armi individuali. In quel breve momento di tregua, il pensiero volse subito ai feriti ed ai caduti. L'*SS-Ostuf*. Pohjanletho si diresse verso il corpo senza vita del suo aiutante di compagnia, l'*SS-Uscha*. Sahlmann, caduto durante l'assalto alla quota. Dopo essere stato colpito, ebbe la forza di pronunciare qualche ultima parola: "*...guardate camerati finlandesi, come muoiono i giovani tedeschi...*". Il mattino seguente, i Sovietici contrattaccarono con la fanteria ed i carri per tentare di riconquistare la quota 701. I *panzer* della *Wiking* li accolsero con il loro fuoco, riuscendo a distruggere tre carri nemici e a danneggiarne numerosi altri. I superstiti del battaglione finlandese di Collani continuarono a servire come fanteria di appoggio ai *panzer* della *Wiking*, partecipando a tutte le successive azioni difensive per respingere i contrattacchi sovietici. Contro i carri nemici, i pezzi *Flak* e *Pak* della *Wiking* si rivelarono infallibili. I pendii della montagna di Malgobeck si riempirono in breve di numerose carcasse di carri sovietici distrutti. Con l'arrivo della cattiva stagione il fronte si stabilizzò, per cui i volontari germanici poterono concedersi qualche giorno di meritato riposo, dopo le dure battaglie autunnali.

Note

[1] August Mühlinghaus, nato il 20 maggio 1919, SS-Nr. 361 217. In precedenza aveva servito nel *II./Sta. 'Germania'* e poi era passato al comando della *11./Nordland*. Cadde in combattimento il 17 ottobre 1942.

88

Ancora nuovi ordini

Il 20 ottobre 1942, l'*SS-Gruppenführer* Steiner fu convocato a Pjatigorsk, presso il quartier generale della 1.*Panzer-Armee*: dopo aver discusso della difficile situazione sul fronte di Stalingrado, si passò a considerare quella sul fronte del Terek, focalizzando particolarmente l'attenzione sulla regione di Ordzhonikidze[1], dove due divisioni corazzate tedesche e due divisioni da montagna rumene si trovavano in grosse difficoltà. Von Kleist decise quindi di inviare in loro soccorso proprio la *Wiking*, incaricata di soccorrere il *III.Pz.-Korps* del Generale Mackensen. Contemporaneamente i reparti della divisione sarebbero stati rilevati dall'area di Ssagopschin, dalla 50.*Inf.Div.*, trasferita via aerea dalla Crimea: i reparti dell'esercito dovevano stabilire subito uno sbarramento difensivo sulla strada 'ossetica', tra Fiagdon e Alagir.

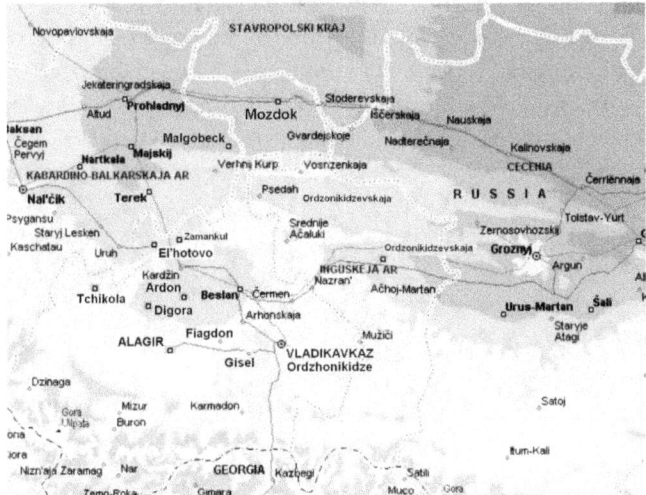

Settore operativo della *Wiking* tra novembre e dicembre 1942.

Soldati del *Westland*.

Reparti della 23.*Pz.Div.* nell'area di Mozdok.

Il 1° novembre, i reparti corazzati della 13.*Panzer-Division* e della 23.*Panzer-Division*, conquistarono Alagir: successivamente i reparti della 23.*Pz.Div.* incontrarono una forte resistenza a nord di Fiagdon. Il 5 novembre, i reparti della 13.*Pz.Div.*, si spinsero fino ad Ordzhonikidze a sud-ovest di Grozny, dove furono circondati dai reparti corazzati sovietici, nell'area tra Ordzhonikidze e Gisel. La *Wiking* ricevette l'ordine di liberarli. Solo il 10 novembre, il *II./Nordland* agli ordini dell'*SS-Stubaf*. Arnold Stoffers, riuscì dopo una marcia forzata e scontri durissimi ad aprire una breccia, permettendo ai reparti della *Panzer Division* di potersi ritirare in buon ordine.

Alcuni *Pz.III* della *13.Pz.Div.* abbandonati nell'area di Gisel.

Durante la notte tra il 12 ed il 13 novembre, la *13.Pz.Div.* ristabilì il collegamento con le altre forze del Corpo, ed insieme alla *Wiking* fu impegnata in combattimenti difensivi per contenere la controffensiva nemica. In quella stessa giornata, cadde la prima neve: il paesaggio si trasformò in una palude glaciale, le piste divennero nuovamente impraticabili e gli uomini della *Wiking* si ritrovarono a marciare su strade impossibili sulle montagne del Caucaso. L'*SS-Gruf.* Steiner, divise nuovamente i reparti della *Wiking* in tre gruppi da combattimento: il 16 novembre 1942, il *II./Nordland* di Stoffers, il *Panzer Abteilung* di Mühlenkamp ed il *II./Art.Rgt.* dell'*SS-Hstuf.* Karl-Heinz Bühler[2], giunsero nell'area di Alagir, per tentare di soccorrere altre forze dell'esercito tedesco rimaste circondate nella regione di Gisel.

Panzer della *1.Pz.Kp.* in marcia verso la regione di Alagir.

SS-*Ostubaf.* Arnold Stoffers.

Tiratore scelto della *Wiking* sul fronte di Alagir.

L'attacco del *Kampfgruppe Stoffers* riuscì a sorprendere i reparti sovietici, soprattutto quando i reparti della *13.Panzer-Division* attaccarono contemporaneamente a Gisel, respingendo indietro le forze nemiche. La *23.Panzer-Division* riuscì così a sganciarsi e a proseguire verso nord, in direzione di Stalingrado, mentre la *Wiking* prese posizione nell'area di Samankul[3], insieme alla *13.Panzer-Division*. Con l'arrivo della stagione invernale, le forze sovietiche tentarono di realizzare nel Caucaso, una nuova Stalingrado: l'accerchiamento della *1.Panzer-Armee* di von Kleist. Furono quindi lanciate nuove forze all'attacco, che dopo aver attraversato i valichi montani, tentarono di infiltrarsi tra le vallate. A nord del fronte di Alagir, i Sovietici attaccarono in direzione di Ardon, a nord-ovest di Ordzhonikidze, difesa dai reparti della *13.Panzer-Division*. Ogni giorno i reparti dell'esercito dovettero fronteggiare i continui assalti nemici.

Postazione difensiva del *'Germania'* nel settore di Dsuarikau (*Collezione Charles Trang*).

Una *MG-34* impegnata a difendere una posizione difensiva.

I reparti della *Wiking* trovandosi meno esposti agli attacchi dei Sovietici, si spostarono anch'essi nella regione di Ardon, andando ad occupare nuove posizioni difensive più vicine a quelle della *13.Panzer-Division*. Il fronte fu così stabilizzato ancora una volta. L'attività del nemico si ridusse all'azione dei tiratori scelti, terribilmente efficaci e precisi. Tutti i movimenti si facevano di notte, per evitare questo fuoco 'inivisibile'. Né i cannoni, né i mortai potevano fornire fuoco di appoggio ai reparti SS, perduti tra le montagne del Caucaso. Dall'altra parte, l'artiglieria e le batterie lanciarazzi dei Sovietici, colpivano incessantemente le trincee della divisione *Wiking*. In tutta la guerra, i soldati SS non si erano mai sentiti così isolati, impegnati in una guerra 'primitiva', che ricordava le trincee della Prima Guerra Mondiale. Dei piccoli attacchi, brevi e brutali, interrompevano di tanto in tanto, la monotonia delle giornate e delle notti. Si combatté duramente, soprattutto nel settore difeso dal battaglione dell'*SS-Stubaf*. Dieckmann.

Una squadra mortai, pronta ad entrare in azione.

Da entrambe le parti, nessuno osava tirare con le armi pesanti sugli avamposti nemici, poiché le posizioni dei due contendenti erano troppo vicine. Erano soprattutto i mortai che ingaggiavano duelli impietosi, che duravano anche intere ore.

Riorganizzazione sul campo

Con le operazioni militari temporaneamente bloccate dal freddo intenso, il comandante Steiner si dedicò a riorganizzare le file dei suoi reparti, dopo mesi e mesi di continuo impegno al fronte. Le novità riguardarono anche i comandanti di alcune unità. Il *Westland*, dopo il ferimento dell'*SS-Ostubaf*. Paul Geissler, passò agli ordini dell'*SS-Ostubaf*. Polewacz, mentre il suo *I./Nordland* passò nelle mani dell'*SS-Stubaf*. Lohmann. Il *Nordland*, dopo il trasferimento di Fritz von Scholz in Germania per supervisionare la formazione di una nuova unità della *Waffen SS*, passò agli ordini dell'*SS-Ostubaf*. Jörchel.

Carri ed equipaggi della 2.*Pz.Kp.* dell'*SS-Ostuf*. Flügel, durante una pausa nei combattimenti.

In questo stesso periodo, ufficialmente a partire dal 9 novembre 1942, la *Wiking* diventò ufficialmente una divisione di granatieri corazzati e rinominata come *SS-Panzergrenadier-Division Wiking*. Nel frattempo, i Sovietici ripresero ad attaccare le posizioni dei volontari germanici e proseguirono per tutto il mese di novembre. L'offensiva sovietica in direzione di Alagir fu bloccata: solo un reparto corazzato riuscì ad aprire una breccia di alcuni chilometri, riuscendo a distruggere dei carri tedeschi. Ma era ben poco, se si tiene conto, che questo piccolo successo arrivò dopo cinque giorni di duri combattimenti e perdite spaventose per entrambi i contendenti. Il comando sovietico decise così di non insistere, rinunciando ad attaccare le posizioni tedesche frontalmente, per tentare dei movimenti aggiranti e colpire nei punti più deboli. Gli attacchi ripresero il 27 novembre: i soldati della *Wiking* lasciarono i loro nemici avvicinarsi ad un centinaio di metri dalle loro trincee, per poi scatenare un fuoco d'inferno. Un solo gruppo di due mortai, in pochi minuti, tirò un centinaio di granate! Ancora una volta, l'attacco nemico fu bloccato, dopo quattro giorni di furiosi combattimenti, che durarono fino al 30 novembre.

Mortaio della *Wiking*.

Postazione difensiva del *III./Nordland* sotto attacco nemico.

Una postazione difensiva del *III./Nordland*, con una *MG-34* ed un graduato SS. Sullo sfondo, è ben visibile la catena montuosa del Caucaso, dicembre 1942.

Dopo una breve pausa, il 4 dicembre 1942, i Sovietici lanciarono una nuova offensiva, approfittando di una terribile bufera di neve, con un freddo intenso, tentando di sfruttare l'elemento sorpresa. I nuovi combattimenti difensivi continuarono fino al 9 dicembre, ancora una settimana infernale, poi il fronte si stabilizzò nuovamente.

Il 14 dicembre 1942, Felix Steiner lasciò temporaneamente il comando della divisione per assumere quello del *III.Panzer-Korps*, dal momento che il generale von Mackensen era passato al comando della *1.Panzer-Armee*, sostituendo a sua volta il generale von Kleist chiamato al comando del Gruppo di Armate tedesche operanti nel Caucaso: la divisione *Wiking* passò quindi temporaneamente agli ordini dell'*SS-Brigadeführer* Otto Gille, già comandante del reggimento di artiglieria della divisione.

Elementi del *III./Nordland* di Collani in marcia, 1942.

Soldati rumeni su una postazione difensiva, 1942.

Una foto in posa di volontari finlandesi, con un *sidecar* con una *MG-34* (*Collezione Olli Wikberg*).

Ripiegamento verso nord

Con l'aggravarsi della situazione sul fronte di Stalingrado, poco prima di Natale, il Comando tedesco decise di iniziare a ritirare i reparti più a nord, su una nuova linea difensiva. Le forze tedesche lasciarono quindi i settori di Ardon, Alagir e Digora, per trasferirsi nell'area tra Elchetovo (El'hotovo) e Tchikola. Il ripiegamento si svolse con un tempo spaventoso. I successivi combattimenti si concentrarono proprio nella vallata di Tchikola, dove i reparti rumeni furono travolti da una nuova e brusca offensiva nemica. Al comando della *Wiking* giunse l'ordine di inviare subito dei rinforzi e l'*SS-Brigdf*. Gille, decise di impegnare ciò che restava del battaglione finlandese dell'*SS-Stubaf*. Collani, rinforzato da un pugno di soldati del *Nordland*, due cannoni di fanteria, due autoblindo, due cannoni *Flak* e qualche obice leggero. Il *Kampfgruppe* così costituito, raggiunse a marce forzate il settore dove i reparti rumeni erano rimasti circondati insieme ad un battaglione di volontari georgiani che combatteva al fianco dei Tedeschi. I ragazzi di Collani attaccarono il villaggio di Tchikola con grande impeto, riuscendo a cacciare da esso un intero reggimento della guardia sovietica. Gli ultimi scontri, furono caratterizzati da un

L'*SS-Gruf*.Steiner con alcuni ufficiali della *Wiking*. Alle sue spalle, l'*SS-Obf*. Fritz von Scholz (*Olli Wikberg*).

violento e furioso combattimento corpo a corpo. All'arma bianca, a colpi di pugnale, i volontari finlandesi regolarono i loro conti secolari con gli odiati soldati dell'armata rossa.

Un reparto della *Wiking* attraversa un villaggio, 1942.

Soldati della *Wiking* in un villaggio, dicembre 1942.

Reparti SS in marcia in mezzo ad una tempesta di neve.

Una postazione difensiva SS con una *MG-34.*

A partire dal 22 dicembre 1942, la famosa strada ossetica fu abbandonata e tutte le unià tedesche in questo settore furono trasferite in seconda linea. La *Wiking* fu distaccata dal *III.Pz.Korps* per essere trasferita su treno in un altro settore del fronte. Allo stato maggiore, l'*SS-Gruf.* Steiner, ritornato al comando della divisione, annunciò ai suoi ufficiali: "*...partiamo per liberare i nostri camerati a Stalingrado*". Attraversata la steppa dei Calmucchi, tra il freddo e la neve, i volontari germanici furono sbarcati a Remontnaja, a sud di Stalingrado: qui furono posti alle dipendenze della *IV.Pz.Armee* di Hoth, che si stava preparando a lanciare un contrattacco in direzione del Volga. Ma non ci fu tempo: furono infatti i Sovietici ad attaccare per primi, travolgendo un'intera armata rumena ed aprendo una breccia sul fianco meridionale del fronte ucraino. Le forze tedesche ancora impegnate nel Caucaso rischiavano ora di rimanere tagliate fuori, se non si fossero ritirate in tempo. L'obiettivo e la loro unica speranza, era ormai quella di raggiungere nuovamente Rostov sul Don.

Battaglia a Simovniki

Un convoglio con i reparti SS in viaggio verso nord.

Carri sovietici all'attacco, dicembre 1942.

I convogli della divisione *Wiking*, viaggiarono attraverso l'immenso paesaggio coperto dalla neve. In uno dei vagoni, c'erano i resti del *II./Westland*. Il viaggio in treno sembrò interminabile, poi il convoglio si fermò in una stazione isolata, perduta in mezzo all'immensa steppa. Era il 25 dicembre 1942. I volontari fiamminghi riuscirono a decifrare il nome della stazione: Simovniki (Zimovniki). Giunse l'ordine di scendere dai vagoni. I soldati SS battevano i piedi per terra per tentare di riscaldarsi. Dopo aver recuperato i sacchi e le armi nel vagone, attesero, flagellati dal vento ghiacciato, i nuovi ordini. Il collo dei capotti alzato, le mani nelle tasche, la testa circondata da una sciarpa o da un passamontagna, attesero in mezzo alla neve. Dopo il viaggio su treno, erano ritornati dei fanti. Si formò subito dopo una colonna per raggiungere i nuovi acquartieramenti o le nuove posizioni da combattimento in aperta campagna. I graduati erano all'oscuro della situazione, sapevano solo che non c'erano molte truppe dentro Simovniki e che il villaggio sembrava una tranquilla località nelle retrovie del fronte. In giro si vedevano solo alcune pattuglie dell'esercito e dei carri pesanti. Erano i famosi carri *Tigre*, che i volontari germanici vedevano per la prima volta. Erano allineati lungo le case, uno dietro l'altro. Non erano stati ancora impegnati in combattimento, erano arrivati direttamente dalle fabbriche del *Reich*. Non lontano, c'era un aeroporto improvvisato: sulle sue piste, c'erano una ventina di *Stukas*.

Un soldato del *Westland* con una *MP40* (*Charles Trang*).

Nel villaggio di Simovniki, si trovava anche lo stato maggiore dell'armata corazzata del generale Hoth. Uno dei suoi ufficiali accolse i nuovi arrivati con una frase che suonò ben poco rassicurante: "*...presto i Sovietici saranno qui!*". I volontari germanici si misero subito a scavare buche nel terreno gelato. Le compagnie di granatieri, con gli effettivi ridotti, sarebbero state appoggiate da una batteria di artiglieria della *Wiking* e da alcuni pezzi *Flak* da 88mm della *Wehrmacht*. Furono scavate delle posizioni difensive lungo l'unica strada che attraversava l'interminabile villaggio. Lo stato maggiore dell'armata di Hoth si era nel frattempo spostato, lasciando tutte le installazioni telefoniche sul posto. I volontari fiamminghi giunsero infine in un'isba e gli uomini poterono riposarsi qualche ora su letti di paglia. All'esterno, alla tempesta di neve si erano nel frattempo uniti i rumori della battaglia: tiri di artiglieria soprattutto. Gli uomini recuperarono subito le loro armi. Nel frattempo i carri si erano avvicinati alle isbe dove si erano sistemati i granatieri della *Wiking*. I volontari germanici furono subito pronti al combattimento, nell'attesa di ricevere i nuovi ordini.

Un agente di collegamento arrivò: "*...I Sovietici attaccano con dei carri e la fanteria!*".

"*Dove sono?*", chiese uno dei graduati del *Westland*, l'aspirante ufficiale Windels.

"*Alcuni reparti nemici sono già penetrati nel villaggio!*", rispose allarmato il portaordini.

Si udirono delle esplosioni. I carri sovietici avevano attaccato il campo di aviazione e stavano distruggendo gli *Stukas*, uno dopo l'altro. Il rumore dei carri si avvicinò paurosamente. Pochi secondi dopo, i *T-34* iniziarono a distruggere tutto.

"*Dove sono i nostri carri?*", urlò qualcuno.

I *Tigre* erano lì, ma non si trovavano gli equipaggi. Non si sapeva se questa formazione corazzata fosse già stata assegnata ad una unità regolare o se fosse in riserva a Simovniki.

"*Fuori! Presto! Andiamo!*", urlò l'*SS-Standartenoberjunker* Windels ai suoi volontari fiamminghi. Pochi secondi dopo, i suoi uomini erano a terra nella neve, per l'arrivo improvviso di un carro *T-34*. Il carro iniziò a sparare. Un volontario olandese si alzò e tentò di avvicinarsi ad esso, forse per tentare di farlo saltare con una mina magnetica.

Windels e i suoi uomini avevano nel frattempo preso posizione dietro ad un muro di una casa in rovina. Da qui, iniziarono a tirare contro i fanti sovietici che si agitavano intorno al carro. Improvvisamente i Sovietici si fermarono nell'oscurità: sembravano disorientati per non essere ancora riusciti ad individuare i loro nemici. Iniziarono allora a tirare contro le case, per far uscire allo scoperto i soldati tedeschi. "*Ritiriamoci!*", ordinò Wendels ai suoi uomini. Questi lasciarono i loro nascondigli e fuggirono a gambe levate, incapaci di fronteggiare il carro e i numerosi fanti nemici. Windels lanciò un paio di granate in una casa, già occupata dal nemico, per aprirsi una via di fuga. Il comandante della sua compagnia era scomparso, forse caduto in combattimento. Windels assunse allora lui il comando dei superstiti dell'unità. Dopo averli raggruppati, cercò subito di tentare di fermare i Sovietici. Due carri *T-34* avevano attraversato le posizioni difese dalla compagnia del *Westland* e stavano continuando ad avanzare. I soldati SS ebbero appena il tempo di spostarsi dall'asse di marcia dei carri nemici. I feriti furono abbandonati al loro destino, era necessario contrattaccare al più presto, altrimenti si rischiava di finire travolti.

Entrarono in azione i cannoni e i mortai dei Sovietici, che colpirono duramente l'abitato di Simovniki. Il villaggio era completamente in fiamme. I granatieri del *Westland* tentarono disperatamente di riconquistare il terreno perduto. Grazie al fuoco di appoggio dei Pezzi *Flak* da 88mm, i carri nemici furono distrutti, uno dopo l'altro. Questa volta furono i Sovietici a ritirarsi. Alla fine della battaglia, dentro Simovniki c'erano solo fuoco e fiamme: ovunque sul terreno c'erano dei corpi senza vita di soldati.

Note

[1] l'attuale Vladikavkaz, capitale della Repubblica autonoma dell'Ossezia settentrionale (Alania).

[2] Karl-Heinz Bühler, nato il 7 agosto 1912 a Mannheim, SS-Nr. 98 248. Aveva servito nel *Pol.Art.Rgt.* e al comando della *8./SS-Art.Rgt.5.*

[3] L'attuale Zamankul, nell'Ossezia settentrionale.

Combattimenti in retroguardia

La *4.Panzerarmee*, dopo aver vanamente tentato di liberare Stalingrado, dovette ritirarsi a sua volta, per evitare di finire circondata. Dopo i combattimenti sul Volga, seguirono quelli sul Don. Le forze tedesche si ritirarono verso Rostov, con un freddo terribile, tra il vento e la neve. Destinata come sempre ad una missione di sacrificio, la divisione *Wiking* si ritrovò in retroguardia a queste truppe. Non c'era più una linea del fronte. Solo un'immensa breccia, dove si erano incuneati il vento furioso e i carri *T-34*. Da un momento all'altro, potevano apparire i reparti nemici, fantasmi bianchi armati di pistole mitragliatrici. I reparti distrutti nel corso della notte di Natale a Simovniki erano solo l'avanguardia di una importante forza sovietica. Numerose divisioni arrivarono rapidamente e attaccarono Simovniki su un fronte di tre chilometri di larghezza.

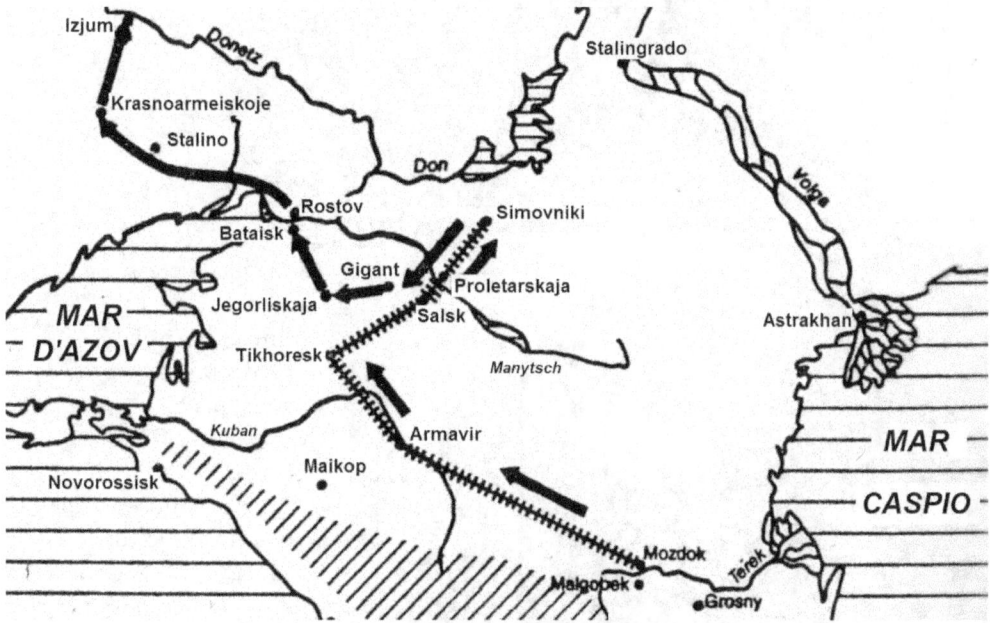

Tappe della ritirata dei reparti della *Wiking* dal Caucaso verso Rostov.

Colonna di camion della *Wiking* durante la ritirata.

Dei reparti di fanteria, appoggiati dai carri e dal fuoco dell'artiglieria, si lanciarono all'assalto. Granatieri, artiglieri e pionieri della *Waffen SS* o della *Wehrmacht*, resistettero tenacemente senza cedere un solo palmo di terreno. I granatieri del *Westland* continuarono a difendere strenuamente le loro posizioni, fino all'ultimo proiettile. Erano stati rinforzati da alcuni elementi delle

99

unità del treno logistico, chiamati all'ultimo momento in prima linea. Quando il comando intuì che i difensori di questo punto di appoggio erano sul punto di essere aggirati sulle ali e circondati, fu ordinato il ripiegamento. I difensori di Simovniki, approfittarono della notte del nuovo anno, per abbandonare il villaggio al nemico.

Un soldato SS impegnato a sabotare un cannone russo (*Collezione Pierre Tiquet*).

Volontari finlandesi si preparano ad abbandonare un villaggio.

In quella stessa notte del nuovo anno 1943, i Finlandesi dell'*SS-Stubaf.* Collani, aggregati al reggimento *Nordland*, erano dislocati su una posizione difensiva, quando giunse l'ordine di ripiegamento dallo stato maggiore. "*Allora, Hirt, ecco finalmente l'ordine di ripiegamento. Ancora un po' e saremmo stati travolti!*", disse Collani al suo aiutante di battaglione, l'*SS-Hstuf.* Hirt[1]. I due ufficiali si misero al lavoro per stabilire l'ordine di partenza. Attendevano da giorni quell'ordine, sotto la costante pressione sovietica. "*Stanotte, sposteremo le armi pesanti su una posizione più arretrata*", decise Collani.

Nel frattempo, i veicoli dei rifornimenti e tutti i camion da trasporto del battaglione, si avviarono verso Lesken, sull'omonimo fiume. In quella interminabile e glaciale notte di gennaio, le tre compagnie granatieri, ricevettero l'ordine di ripiegare, ad una distanza di un'ora, l'una dall'altra. Prima la *9.Kompanie* dell'*SS-Ostuf.* Karl-Heinz Ertel[2], poi la *10.Kompanie* dell'*SS-Ostuf.* Porsch[3] e infine la *11.Kompanie* dell'*SS-Ostuf.* Deck[4]. Queste tre unità, già molto provate, si attestarono nel corso della notte, su posizioni difensive improvvisate, pochi chilometri più ad ovest. Non era una linea del fronte continua, essendoci una breccia tra le posizioni della *9.Kompanie* e della *11.Kompanie*. L'*SS-Ostuf*. Ertel e i suoi uomini, occupavano un'altura, coperta da campi di mais innevati, a est del fiume Lesken. Karl-Heinz Ertel, originario della Vestfalia, era un ufficiale della riserva che si era formato direttamente al fronte. Il suo aiutante, l'*SS-Ostuf*. finlandese Mauri Holger Sartio, partì in ricognizione alla testa di una pattuglia, prima dell'alba.

Volontari finlandesi, armati con una *PPsH* e granate a mano (*Collezione Olli Wikberg*).

Volontari finlandesi prima di un'azione esplorativa.

Approfittando della bruma mattutina, i suoi uomini marciarono verso il villaggio di Chasnidon. Fu necessario attendere il suo ritorno, per conoscere la situazione nel settore. Poche ore dopo, la pattuglia finlandese ritornò indietro. *"Allora, com'è la situazione?"*, chiese Ertel. "*I Sovietici sono là. Sono arrivati nel villaggio verso le sette del mattino*", rispose Sartio. Il comandante della *9./Norlland*, decise di stabilire il collegamento con l'*11./Nordland* di Deck, per avanzare insieme su Lesken.

Trasporto di un ferito.

I due ufficiali stabilirono di incontrarsi per concordare l'azione. Le unità sovietiche, lanciate all'inseguimento delle forze tedesche, erano ovunque: alcune stavano muovendo da Chasnidon verso Tolsgun, altre erano penetrate nelle valli del Bol-Kossolokoun e del Lesken. I Sovietici erano così sicuri della vittoria, che fecero l'imprudenza di concentrare troppo le loro forze. Verso le 8:00, le armi pesanti del battaglione, mitragliatrici e mortai della *12./Nordland*, agli ordini dell'*SS-Hstuf.* finlandese Ladau[5], presero sotto tiro una forte concentrazione nemica, comprendente almeno cinquecento uomini. I soldati sovietici iniziarono a fuggire in tutte le direzione, per sfuggire al fuoco dei Finlandesi. Ertel e Deck poterono così riferire al comando della divisione di aver bloccato per qualche ora l'avanzata delle forze sovietiche lanciate all'inseguimento della *Wiking*. Verso mezzogiorno, fu la volta dell'*SS-Ostuf.* Porsch e del suo aiutante finlandese Pohjanlehto, di segnalare di aver individuato una forte concentrazione di truppe nemiche davanti alle loro posizioni, sull'ala destra del battaglione.

Volontari finlandesi in un villaggio nel settore di Stavropol, gennaio 1943 (*Olli Wikberg*).

Di nuovo, l'*SS-Stubaf.* Collani, fece intervenire le sue armi pesanti. Era necessario fermare l'attacco sovietico prima che facesse notte. Nello stesso momento, fu stabilito il collegamento con una unità da ricognizione dell'esercito tedesco, equipaggiata con alcune autoblindo. Gli ordini per i Finlandesi erano di ripiegare e porsi in retroguardia. Alle 16:00, i reparti del battaglione Collani ripiegarono verso Lesken, dove ritrovarono i loro camion da trasporto. I mitraglieri e i serventi dei mortai della *12./Nordland*, aprirono la marcia e raggiunsero le posizioni di raggruppamento senza problemi. Seguirono poi i granatieri della *10.* e della *11.Kompanie*. Infine, i granatieri della *9./Nordland* di Ertel, che persero il collegamento con le altre compagnie e riuscirono solo all'ultimo momento a giungere in tempo a Lesken. Per tutta la notte, tra il 1° e il 2 gennaio 1943, i veicoli del reggimento *Nordland*, marciarono verso nord-ovest. Dopo circa quattro giorni di marcia, il battaglione Collani giunse a Stavropol. Il 10 gennaio 1943, i reparti finlandesi si unirono al resto della divisione *Wiking*.

SS-Ostubaf. **Hans Collani (NA).**

SS-Ostuf. **Karl-Heinz Ertel (DR).**

Soldati SS liberano la strada dalla neve.

Note

(1) Helmut Hirt, nato il 29 ottobre 1916 a Troppau, SS-Nr. 357 778. In precedenza aveva servito nella *SS-Standarte 'Germania'*, prima di diventare *Adjutant* in seno al *III./SS-Inf.Rgt. 'Norldand'*.

(2) Karl-Heinz Ertel, nato il 26 novembre 1919 a Lünen-Brambauer, SS-Nr. 357 277. In precedenza aveva servito nella *1./Sta. 'Germania'*, poi dopo aver frequentato la scuola ufficiali, ritornò nuovamente al reggimento *Germania* e in seguito fu assegnato al battaglione finlandese SS.

(3) Hans-Joachim Porsch, nato il 20 dicembre 1917, SS-Nr. 289 631. In precedenza aveva servito nel reggimento *Westland*.

(4) Eugen Deck, nato il 10 febbraio 1914 a Mörsch, SS-Nr. 103 215. In precedenza aveva servito nel battaglione esploratori della *Wiking*.

(5) Karl-Erik Ladau, nato il 3 giugno 1916 a Tampere in Finlandia.

Sul fronte del Manytsch

All'inizio di gennaio del 1943, la *Wiking* fu impegnata in una serie di battaglie difensive lungo il fiume Manytsch, dove l'*SS-Gruf*. Steiner aveva organizzato una linea di resistenza. Durante la ritirata dal Caucaso, i pionieri SS furono impegnati duramente in combattimento, come i granatieri. Fin dall'inizio della campagna sul fronte dell'Est, si erano sempre trovati in prima linea, per attraversare fiumi, attaccare carri con le mine magnetiche, far saltare dei *bunker*. Il comandante dell'unità, si trovò sempre dove i suoi uomini maneggiavano l'esplosivo, sotto il fuoco nemico. L'*SS-Stubaf*. Schäfer[1], originario di Karlsruhe, aveva festeggiato i suoi trentasei anni in uno dei giorni più freddi di gennaio, tra i suoi pionieri. Più degli altri, Schäfer aveva imparato la tecnica del ripiegamento perfetto: se una unità si ritirava troppo in fretta, il nemico poteva circondare i loro camerati facilmente. Se si fosse ritirata troppo tardi, rischiava di essere catturata.

Max Schäfer.

Pionieri tedeschi controllano un carro nemico distrutto.

Un carro *T-34* distrutto dai pionieri SS a distanza ravvicinata.

Nessuno più di Schäfer, sapeva regolare questa manovra alla perfezione. Quando arrivava il loro turno, i pionieri si aggrappavano alle loro posizioni per ritardare l'avanzata dei Sovietici, lanciati all'inseguimento delle truppe in ritirata. I fanti sovietici erano preceduti da mute di *T-34*, che travolgevano tutte le difese, massacrando sotto i loro cingoli tutto e tutti. Gli uomini, dispersi sul terreno innevato, finivano sotto i tiri delle mitragliatrici di bordo dei carri nemici. Ogni attacco si concludeva con un massacro.

Un soldato SS segue il movimento dei reparti sulla strada.

Fanteria sovietica all'assalto, appoggiata dai mortai.

Una *MG-34* su affusto pesante, su una posizione difensiva.

Contro i carri, i pionieri delle compagnie del battaglione dell'*SS-Stubaf.* Schäfer non avevano a disposizione pezzi anticarro. Allora, attaccavano i *T-34* a distanza ravvicinata, andando a posare delle mine sotto i cingoli o attaccando delle cariche cave magnetiche contro le torrette dei mezzi nemici. Si trattava in ogni caso di azioni molto pericolose. Era necessario avvicinarsi ai carri nemici, sfruttando gli angoli morti, mentre gli altri camerati con il loro fuoco di appoggio, tenevano a bada la fanteria di accompagnamento ai reparti corazzati. Si lasciavano avvicinare i carri a qualche metro, si usciva dalle buche, si piazzavano le mine o le cariche e si rotolava rapidamente il più lontano possibile prima dell'inevitabile deflagrazione. Molti soldati perdevano la vita in questa lotta impari. I loro corpi giacevano nei pressi delle carcasse dei carri distrutti, inermi sulla neve bianca. Quando i suoi uomini attaccavano i carri, l'*SS-Stubaf.* Schäfer si portava personalmente in prima linea, sugli avamposti totalmente isolati. Max Schäfer appariva improvvisamente a bordo della sua vettura. Impartiva gli ordini, raccoglieva i feriti e rassicurava i superstiti: "*Tenete ancora un po'. Ne usciremo presto!*". Grazie a Schäfer, conosciuto in tutta la divisione *Wiking* come '*Mäcki*', furono risolte numerose situazioni critiche. Durante i rapidi ripiegamenti, i pionieri SS continuarono inoltre ad essere sempre impegnati a organizzare le nuove posizioni difensive, qualche chilometro più lontano ad ovest.

Un carro sovietico distrutto alla periferia di un villaggio.

Un mortaio in posizione in appoggio al contrattacco.

I pionieri SS si muovono tra le isbe del villaggio.

La ritirata verso Rostov

La lunga marcia verso Rostov proseguì, ogni giorno più spossante e più sanguinosa. Le colonne della divisione, si lasciavano alle spalle veicoli abbandonati e cadaveri. I superstiti continuavano a battersi, giorno e notte. Verso la metà di gennaio del 1943, due compagnie del battaglione pionieri della *Wiking* furono raggruppate in una zona dove le truppe che rifluivano dal Caucaso potevano riposarsi qualche ora. Per la prima volta, dopo molte settimane, i pionieri furono trasferiti nelle retrovie. I pionieri si dedicarono così alla pulizia delle armi, al recupero dei materiali, mine, esplosivi, cariche cave e altro. L'*SS-Stubaf.* Schäfer da parte sua, si recò a rapporto allo stato maggiore della divisione. Nel bel mezzo della notte, si udirono dei colpi di arma da fuoco: "...*I Russi! Allarme! Tutti fuori!*". I Sovietici erano riusciti a passare attraverso le linee tedesche con il favore delle tenebre e nel bel mezzo di una tormenta di neve. Subito, i due comandanti delle compagnie pionieri, compresero di essere attaccati da forze nemiche terribilmente superiori: "..*Si tratta di almeno un reggimento!*". I pionieri si dovevano battere con un rapporto di forze di uno a dieci. E i fanti sovietici erano anche appoggiati dal fuoco delle armi pesanti. Si udivano i tiri di mortaio che iniziavano a cadere sul villaggio. I pionieri entrarono in azione ed iniziarono a rispondere al fuoco alla luce dei primi incendi. Verso ovest, la strada appariva ancora libera. I Sovietici non avevano ancora completato l'accerchiamento del villaggio. Furono subito inviate delle staffette per chiedere aiuto. Sparirono nella notte. Bisognava solo aspettare. I pionieri continuarono a tirare tra le isbe in fiamme, tentando di non cedere terreno.

Un soldato della *Waffen SS* armato con una *MP40*.

Reparti tedeschi superano un ponte, gennaio 1943.

Se i fanti nemici fossero riusciti a penetrare, si sarebbe arrivati al corpo a corpo e sapevano di essere in forte inferiorità numerica. I Sovietici continuarono ad avvicinarsi. Furono lanciate delle granate. Il nemico era ormai a poche decine di metri. Improvvisamente si udì un rombo di motore provenire da ovest. Nella notte, apparve una vettura. A bordo, il comandante dei pionieri, l'*SS-Stubaf*. Max Schäfer. Era arrivato proprio quando tutto sembrava perduto. Sceso dalla vettura, si portò subito al suo posto di comando. "*Cosa abbiamo di fronte?*", chiese ai suoi graduati. "*Almeno un reggimento!*", risposero. "*Ci sono anche dei carri?*", chiese ancora. "*Per il momento non si vedono*", fu la risposta. L'*SS-Stubaf*. Schäfer non esitò un solo istante a impartire i nuovi ordini: "*...Nessun problema se dobbiamo batterci uno contro dieci. Poco importa, l'importante e che non ci sono dei carri da affrontare. Contrattacchiamo!*". I superstiti delle due compagnie pionieri compresero che quest'azione disperata restava la loro ultima possibilità. Solo quelli che non sarebbero caduti in battaglia, sarebbero usciti da quell'inferno. Questa volta però, sarebbe stata più dura di tutte le altre volte. Erano circa trecento pionieri che si lanciarono in avanti, urlando e gridando. In mezzo a quegli uomini, pistola mitragliatrice in pugno e sigaro in bocca, il vecchio *'Mäcki'*. L'azione fece molto scalpore. Secondo il rapporto ufficiale redatto dopo gli scontri, si contarono circa settecento soldati sovietici caduti e duecento prigionieri catturati. Senza parlare delle armi recuperate e del materiale distrutto. Per l'*SS-Stubaf*. Schäfer, questa battaglia fu solo una tappa della lunga ritirata. Sapeva che per i suoi pionieri c'era ancora molto da fare: difendere le ultime posizioni della testa di ponte davanti a Rostov per permettere a tutte le unità della divisione *Wiking* di attraversare il fiume e sfuggire alla cattura.

SS-Ostubaf. **Max Schäfer (BDC).**

SS-Ostubaf. **Harry Polewacz (BDC).**

E allora, ancora una volta, i pionieri si trasformarono in semplici fanti. Nelle notti successive, i Sovietici attaccarono, approfittando delle tormente di neve. Ogni breccia che si apriva nella linea difensiva, fu chiusa. La testa di ponte, fu difesa fino all'ultimo. Schäfer raggruppò i superstiti del suo battaglione e li lanciò ancora una volta in un folle contrattacco. Follia o pericolosa saggezza. Restare sul posto, avrebbe significato farsi uccidere. Attaccando, il nemico fu colto di sorpresa. Il comandante dei pionieri giocò bene le sue carte. I pionieri tennero e lentamente, le colonne della divisione *Wiking*, sotto la protezione dei loro fucili e delle loro mine, riuscirono a ripiegare.

La Croce di Cavaliere per Max Schäfer

Per la difesa della posizione di Stalinskij-Put, il 12 Febbraio 1943, l'*SS-Stubaf*. Max Schäfer fu decorato con la Croce di Cavaliere. Qualche settimana prima, il 30 gennaio 1943, era stato promosso al grado di *SS-Obersturmbannführer*. La decorazione gli fu consegnata personalmente dal comandante della *Wiking*, l'*SS-Gruf*. Steiner, durante una cerimonia ufficiale a Krasno-Armeiskoje. Leggiamo il testo della motivazione, così come riportato nella documentazione ufficiale[2]: "...*L'SS-Stubaf. Schäfer si trovava dislocato con il suo Battaglione su un ampio fronte difensivo, sulla testa di ponte a sud-est di Proletarskaja. Durante la notte del 19.1.1943, sotto una bufera di neve e con un terreno ridotto ad un pantano, la testa di ponte fu attaccata e aggirata da est da ingenti forze nemiche. Un ponte situato sul fiume Manytsch, sul quale passava anche la linea ferroviaria Proletarskaja-Seelekgeführdot e pronto per essere distrutto, diventò* improvvisamente l'unica via di fuga della divisione dalla testa di ponte di Proletarskaja. L'SS-Stubaf. Schäfer si rese subito conto che la Divisione rischiava di restare intrappolata, quindi di propria iniziativa si mise alla testa del suo battaglione e nonostante le difficoltà causate dalla neve, lanciò un contrattacco per bloccare il tentativo di aggiramento del nemico. Il violento combattimento che seguì, bloccò l'avanzata e il tentativo di aggiramento del nemico. Quest'azione impedì che la Divisione fosse circondata e bloccata a nord del fiume Manytsch e rese possibile l'evacuazione della stessa in maniera regolare e ordinata...".*

SS-Stubaf. Hajo von Hadeln.

Il 12 gennaio 1943, il reggimento *Westland* perse il suo comandante, l'*SS-Ostubaf*. Harry Polewacz, un berlinese, che avrebbe compiuto trenta anni tra qualche settimana, caduto durante un combattimento in retroguardia, colpito da un cecchino sovietico. Il 23 dicembre 1942, era stato decorato con la Croce di Cavaliere come *Sturmbannführer* e *Kommandeur* del *III./Nordland*. Cadde anche l'*SS-Stubaf*. Hajo von Hadeln, comandante del *I./Westland*, colpito mortalmente da una scheggia durante un bombardamento dell'artiglieria sovietica. La morte di Polewacz, avvenuta in piena ritirata, proprio mentre la divisione stava attraversando un periodo difficile, fu una vera catastrofe. Per rimpiazzarlo alla testa del suo reggimento, l'*SS-Gruf*. Steiner designò il suo capo di stato maggiore, l'*SS-Stubaf*. Reichel. Il comando del *I./Westland* fu assegnato all'*SS-Hstuf*. Günther Sitter[3]. Il posto di capo di stato maggiore della *Wiking*, passò invece all'*SS-Hstuf*. Manfred Schönfelder, che manterrà questa carica, fino al termine della guerra.

Veicoli della *Wiking* distrutti dall'aviazione sovietica.

Reparti SS impegnati nella difesa di un villaggio.

La testa di ponte di Proletarskaja

I reggimenti di granatieri della *Wiking*, spesso ridotti agli effettivi di una grossa compagnia, si attestarono in posizione difensiva nei villaggi perduti, per coprire la ritirata. Come il *Westland* si era battuto a Simovniki e il *Germania* a Baljabanov, il *Nordland* si era stabilito a Proletarskaja, sul Manytsch, dove il *LVII.Armee-Korps* aveva stabilito una testa di ponte. Il mantenimento di questa posizione era di vitale importanza per mantenere libero il passaggio sul Don, tra Rostov e Bataisk. Oltre ai reparti della *Wiking*, nel settore c'erano quelli della *23.Pz.Div.* e della *17.Pz.Division*. Il *I./Nordland*, agli ordini dell'*SS-Stubaf*. Lohmann[4], si era trincerato fin dal 13 gennaio, nel villaggio di Krasnoje-Snamja. All'alba del 14 gennaio, i Sovietici attaccarono la posizione con sei carri *T-34*, appoggiati da centinaia di fanti completamente vestiti di bianco. I granatieri SS non avevano armi anticarro e furono costretti a rifugiarsi nelle case, lasciando la strada libera ai carri nemici. I volontari germanici potevano affrontare solo la fanteria. L'*SS-Stubaf.* Lohmann fece ripiegare i suoi uomini fino alla metà del villaggio, dietro un improvvisato campo minato. I carri sovietici nel frattempo si erano fermati. Alcuni volontari decisero di farli saltare con le cariche cave.

Settore operativo dei reparti della *Wiking* nella prima metà di gennaio 1943.

L'*SS-Stubaf*. Hans Lohmann.

Un soldato SS si spostò dietro le case, saltò dietro la torretta di un *T-34* e piazzò una mina. Quindi saltò a terra per mettersi al riparo. Sfortunatamente gli agganci non tennero e la carica cava cadde, esplodendo nella neve, senza arrecare alcun danno al carro nemico. Ripiegando, i volontari germanici giunsero presso il posto di soccorso del battaglione, che si ritrovò improvvisamente in prima linea. "*...E' pieno di camerati feriti qui! Non potete abbandonarli!*", gridò un dottore. E allora, fu deciso di contrattaccare ancora. I granatieri del *Nordland* strapparono ai loro nemici, alcune decine di metri, per proteggere il posto di soccorso. L'*SS-Stubaf*. Lohmann aveva ancora un telefono a disposizione e chiese aiuto al reggimento: "*Siamo attaccati dai carri!*". Proprio in quel momento, un *T-34* passò davanti al posto di comando del battaglione e la finestra era aperta. Dall'altra parte del cavo telefonico, l'*SS-Ostubaf.* Jörchel, poté rendersi conto realmente della minaccia e inviò subito i granatieri dell'*SS-Stubaf.* Stoffers verso Krasnoje-Snamja. I rinforzi giunsero di notte e parteciparono subito ad un nuovo contrattacco che permise di cacciare i Sovietici fuori dal villaggio.

Soldati SS e carro distrutto.

Formazione di carri sovietici all'attacco.

L'*SS-Ostuf.* Porsch, al centro della foto.

All'alba del giorno dopo, i *T-34* tornarono ad attaccare e i soldati di Lohmann e di Stoffers, furono nuovamente respinti verso il centro del villaggio. Allora arrivarono di rinforzo i volontari finlandesi di Collani e quattro cannoni d'assalto, che svolsero un ruolo decisivo nella battaglia. Un nuovo contrattacco dei reparti SS permise così di riconquistare tutto il villaggio. Dopo qualche ora, i reparti sovietici tornarono ad attaccare, malgrado le gravi perdite subite: questa volta però, grazie al fuoco di appoggio dei cannoni d'assalto, il loro attacco fu respinto.

La battaglia per Jekaterinovka

Nel corso della notte del 19 gennaio 1943, dei reparti sovietici si avventurarono sul ghiaccio del fiume Manytsch e riuscirono a penetrare nel villaggio di Jekaterinovka. Questa località, rappresentava il punto di passaggio della divisione *Wiking*, in ripiegamento dalla regione di Proletarskaja. Fu una brutta notizia, che arrivò all'*SS-Brigadeführer* Gille, passato temporaneamente al comando della divisione. "*....Rischiamo di restare tagliati fuori! Bisogna a tutti i costi mantenere il passaggio sul Manytsch*", riferì all'*SS-Stubaf.* Schönfelder.

Una *MG-34* su uno *StuG.III Ausf.G.*

La strada che da Proletarskaja arrivava a Salsk, doveva restare libera, per continuare la ritirata. Era quindi necessario l'intervento di una unità combattente per assicurare il settore. "...*Solo i Finlandesi possono essere impegnati*", affermò Schönfelder. "...*Esattamente, pensavo proprio a loro!*", annuì Gille. Il battaglione dell'*SS-Stubaf.* Collani si trovava in quel momento in riserva. Il *I./Norldand* lo avrebbe rimpiazzato. La manovra di rilievo si svolse di notte e i volontari finlandesi lasciarono Proletarskaja per Schlabijevka, dove arrivarono alle due del mattino. All'alba, la *10.Kompanie* dell'*SS-Ostuf.* Porsch e la *11.Kompanie* dell'*SS-Ostuf.* Deck, giunsero sulle posizioni di partenza per l'attacco. Questa volta, la *9.Kompanie* dell'*SS-Ostuf.* Ertel, restò in riserva, pronta ad appoggiare l'attacco. Dentro Jekaterinovka, c'erano circa un migliaio di Sovietici, appoggiati da cannoni e mortai. "*Attaccheremo alle nove precise!*", annunciò Collani al suo aiutante Hirt. A sua disposizione aveva solo due compagnie, ma era riuscito a ottenere alcuni rinforzi. A sinistra, la *10.Kompanie* di Porsch, sarebbe stata appoggiata da un *panzer* e due cannoni d'assalto.

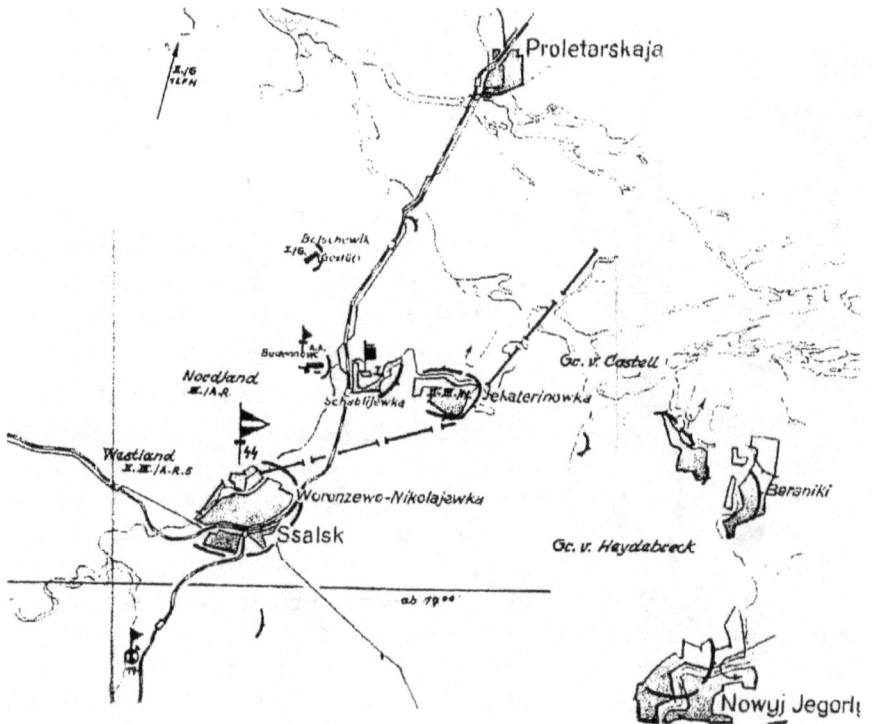

La situazione dei reparti della *Wiking* a nord di Ssalsk, gennaio 1943.

Volontari finlandesi impegnati a Jekaterinovka.

A destra, l'*11.Kompanie* di Deck, sarebbe stata appoggiata da due *panzer* e un solo cannone d'assalto. Dopo essersi raggruppati intorno ai carri, i granatieri finlandesi avanzarono verso Jekaterinovka. I Finlandesi sapevano che dovevano aprire la strada non solo al reggimento *Nordland*, ma a tutta la *Wiking*. Dovevano far saltare il blocco nemico sulla strada per Salsk. I volontari finlandesi marciarono nella neve, si fermavano e tiravano. Tutto procedeva bene. Malgrado la lunga marcia dal Caucaso, essi avevano conservato il loro spirito offensivo, quasi selvaggio, che non mancava di stupire sempre i Tedeschi. Dopo circa un quarto d'ora di combattimenti, ben appoggiati dai cannoni d'assalto, i primi elementi avanzati raggiunsero il ruscello che separava in due il villaggio di Jekaterinovka. Ma c'era da fare ancora molto. Era necessario risalire verso nord e conquistare, una dopo l'altra, le case occupate dai soldati sovietici. L'*SS-Ostuf.* Porsch e gli uomini della *10.Kompanie*, avanzarono per circa ottocento metri senza alcuna difficoltà. Colti di sorpresa, i Sovietici ripiegarono, ma non si diedero per vinti e reagirono barricandosi dentro le case.

L'*SS-Ostuf.* Pohjanlehto.

Un volontario finlandese con una *MG-34*.

113

Volontari finlandesi. Notare il *'pukko'* del soldato a destra.

Una *MG-34* del *Nordland* in posizione difensiva.

Fu necessario sloggiarli a colpi di granata e ingaggiando furiosi combattimenti corpo a corpo. I volontari finlandesi si batterono con i pugnali e le baionette. Mai Porsch aveva visto battersi i suoi uomini con tanta determinazione e risolutezza. Ma, poco prima delle dieci del mattino, le difese sovietiche si rinforzarono ancora e gli uomini di Porsch, si trovarono bloccati da un massiccio fuoco di sbarramento. L'*SS-Ostuf.* Porsch tentò allora di fare il punto della situazione: il villaggio di Jekaterinovka era stato per metà conquistato. Sulla sua destra, la 11.*Kompanie* di Deck era arrivata alla sua altezza. Tutto sarebbe andato bene, se i Sovietici non avessero impegnato nuovi rinforzi. Le due compagnie finlandesi, che insieme comprendevano solo un centinaio di uomini, si ritrovarono a fronteggiare un migliaio di fanti nemici, appoggiati da numerose armi pesanti e dall'artiglieria. In quello stesso momento, l'*SS-Ostuf.* Porsch fu mortalmente colpito da un proiettile nemico alla testa. Il comando della compagnia, passò quindi all'*SS-Ostuf.* Tauno Pohjanlehto. Questo ufficiale finlandese fin dall'inizio della campagna sul fronte dell'Est, si era fatto una buona reputazione di combattente d'assalto, soprattutto durante i combattimenti sulla quota 701 a Malgobeck. I granatieri finlandesi si raggrupparono intorno al loro compatriota e comandante, pronti a lanciarsi nuovamente all'attacco. Sulla loro destra, anche i loro camerati della 11.*Kompanie*, erano rimasti bloccati dal fuoco nemico. Nello stesso tempo, stavano giungendo ancora nuovi rinforzi per il nemico: numerosi fanti sovietici sbucarono improvvisamente dal *Kolhkoz*[5], tentando una manovra aggirante e circondare i Finlandesi. L'*SS-Stubaf.* Collani comprese subito il pericolo e inviò di rinforzo, alcuni pionieri della sua compagnia pesante. In quel momento non poteva fare di più, decidendo di mantenere ancora in riserva la compagnia di Ertel. Subito dopo, circa seicento fanti sovietici contrattaccarono, per tentare di travolgere definitivamente le due compagnie finlandesi dentro Jekaterinovka. La compagnia di Pohjanlehto si ritrovò particolarmente minacciata.

Un *le.IG.18* da 75mm della *Waffen SS.*

Fanteria sovietica all'assalto.

Soldati SS e prigionieri sovietici.

"Lasciateli avvicinare!", ordinò ai suoi uomini. Le raffiche di mitragliatrice fermarono temporaneamente i fanti sovietici, ma erano così numerosi, che alla fine riuscirono a passare, portandosi a contatto con le prime posizioni dei Finlandesi. Seguirono i combattimenti corpo a corpo, nel corso dei quali i volontari finlandesi ricorsero ai loro pugnali (il famoso *'pukko'*). Il contrattacco nemico fu bloccato. *"...A noi, adesso!"*, urlò ai suoi uomini, Pohjanlehto. I volontari finlandesi si lanciarono in avanti, come diavoli scatenati. Dopo aver travolto le masse dei fanti nemici, giunsero ad una posizione di mortai pesanti, uccidendo tutti i loro serventi all'arma bianca e con le granate a mano. I mortai nemici furono subito adoperati per fornire fuoco di appoggio ai loro camerati, consentendo ai granatieri di Deck, di stabililizzare le loro posizioni. I Sovietici attaccarono ancora, facendo affluire nuove riserve. Con i Finlandesi, c'era un osservatore dell'artiglieria della *Wiking*. Fornendo indicazioni via radio ai suoi camerati, fu possibile colpire la fanteria sovietica che attaccava. Nello stesso tempo, le mitragliatrici della 10. e della *11.Kompanie*, scatenarono un fuoco di inferno. I Sovietici ripiegarono, ma anche i Finlandesi lamentarono pesanti perdite. Verso mezzogiorno, Collani si vide costretto a lanciare in battaglia gli ultimi pionieri della *12.Kompanie*. Dopo circa mezzora, i Sovietici attaccarono ancora le posizioni del battaglione, con tutte le loro forze disponibili. Pohjanlehto e Deck, contarono almeno quattrocento fanti nemici in avvicinamento. Quest'ultimo assalto fu bloccato con grande sacrificio e dispendio di forze. Come nuovo rinforzo per i Finlandesi, giunse solo un plotone pionieri della *Wehrmacht*. Fino a tarda notte, non si verificarono altri attacchi nemici. Più di trecento soldati sovietici giacevano

morti davanti alle posizioni finlandesi e almeno un centinaio di prigionieri erano stati catturati dal battaglione di Collani. Erano stati catturati anche una dozzina di fuciloni anticarro, due mitragliatrici pesanti, sei mortai e numerose pistole mitragliatrici. La battaglia però non era ancora finita. Nel corso della notte, i Sovietici fecero affluire nuovi rinforzi. L'*SS-Stubaf.* Collani decise allora di lanciare un contrattacco, con la *9.* e la *11.Kompanie*, per anticipare il nemico e coglierlo di sorpresa. L'*SS-Ostuf.* Pohjanlehto, all'alba di quel 20 gennaio, formò un gruppo d'assalto: questo includeva alcuni granatieri delle due compagnie e il gruppo pionieri agli ordini dell'*SS-Uscha.* Toivo Vaino. Si unirono ad essi, l'infermiere Valtonen e due agenti di collegamento: un tedesco ed uno svedese di Finlandia. In tutto, una dozzina di uomini. L'*SS-Ostuf.* Pohjanlehto, amava guidare queste piccole pattuglie. I cannoni del reggimento di artiglieria appoggiarono l'attacco. I granatieri SS si diressero verso la parte orientale del villaggio. Due *panzer* erano sulla strada, fermandosi di tanto in tanto, per tirare. Le prime case occupate dal nemico furono attaccate con le granate a mano. I Sovietici furono colti di sorpresa ancora una volta: ritenevano i Finlandesi ormai esausti e invece se li videro sbucare davanti. La maggior parte dei soldati sovietici era composta da giovani reclute, senza molto esperienza. Invece di uscire fuori e ingaggiare battaglia, continuarono a nascondersi nelle case. I *panzer* le colpirono una dopo l'altra, senza pietà. L'*SS-Ostuf.* Pohjanlehto guidò l'assalto come un folle e così i suoi uomini fecero altrettanto. Una banda di diavoli scatenati che lanciavano granate, sparando e urlando di casa in casa. Non c'era tempo da perdere, non bisognava dare tregua al nemico. Pohjanlehto continuava a ripetere ai suoi uomini: "*...Più avanti, più veloci!*". Dei soldati sovietici emersero dalle case e dalle cantine con le mani in alto. Si arrendevano. Non sapevano di essere stati attaccati da una dozzina di uomini. Rimasero in sei, quando giunsero alla fine del villaggio. Alla loro testa, l'*SS-Ostuf.* Pohjanlehto. Gli altri erano caduti o erano feriti? No, erano rimasti indietro a raggruppare e disarmare i soldati nemici catturati. Poi, fu messa in posizione una mitragliatrice pesante, per fronteggiare un eventuale contrattacco del nemico. Il villaggio di Jekaterinovka era finalmente nelle mani dei volontari finlandesi. Nel corso della notte successiva, i granatieri del *Westland*, del *Germania* e del *Nordland*, con tutti gli altri reparti di servizio della divisione, attraversarono l'unico ponte sul fiume Manytsch, proseguendo in direzione di Salsk. Fanti, artiglieri, motociclisti, cacciatori di carri, pionieri, tutti marciavano verso Rostov. In retroguardia, i due battaglioni Lohmann e Krügel del *Nordland*, si erano attestati in posizione difensiva, per permettere il ripiegamento dei loro camerati del battaglione Collani, ancora bloccati a Jekaterinovka.

Note

(1) Max Schäfer, nato il 17 gennaio 1907 a Karlsruhe, SS-Nr. 16 362. Servì nella *2./Pi.Btl. SS-VT* e al comando della *2./SS-Pi.Btl. 'Wiking'*.

(2) *Personalakte Max Schäfer, Berlin Document Center.*

(3) Günther Sitter, nato il 23 gennaio 1915 a Schildberg nel Wartheland, SS-Nr. 310 407. In precedenza aveva servito nel reggimento *'Germania'* e al comando della *1.Kp./Westland*.

(4) Hans Lohmann, nato il 24 aprile 1911 a Gütersloh, SS-Nr. 29 097. In precedenza aveva servito nel reggimento di artiglieria della *Totenkopf* e poi al comando della *2./Westland*.

(5) Cooperative agricole, organizzate dal governo sovietico per controllare i raccolti, l'allevamento del bestiame e il lavoro dei poveri contadini russi.

Prosegue la ritirata

I reparti della *Wiking* continuarono a ripiegare verso ovest. L'*SS-Brigdf*. Gille aveva ricevuto l'ordine di difendere una testa di ponte davanti Rostov e di mantenere libero il passaggio del Don. Gli effettivi della divisione erano scesi drasticamente: caduti, feriti, ricoverati, si contavano a centinaia. I battaglioni di granatieri erano ridotti a circa duecento uomini ciascuno. Alcune unità erano state completamente disciolte. I granatieri della *Wiking* proseguirono la loro marcia verso il Don, ritrovando i luoghi dove avevano già combattuto la primavera precedente. Tutte le unità marciavano in un vero deserto di neve, spazzato dal vento gelido. Non si distinguevano più strade o piste, tutto era completamente bianco. Il termometro era sceso a meno quaranta gradi. La situazione sul resto del fronte era drammatica: sul fronte del Don, gli alleati italiani e rumeni erano stati travolti dall'offensiva sovietica e le forze tedesche battevano in ritirata.

Un convoglio della *Wiking* in marcia sulla strada Ssalsk-Rostov.   Soldati tedeschi, 1943.

I volontari germanici della *Waffen SS*, si fecero uccidere sul posto, ma non abbandonarono mai le loro posizioni al nemico. Per la prima volta, dall'inizio della campagna sul fronte dell'Est, i soldati della *Wiking* dovettero rassegnarsi ad abbandonare sul campo i corpi dei loro camerati caduti in combattimento, senza potergli dare una degna sepoltura.

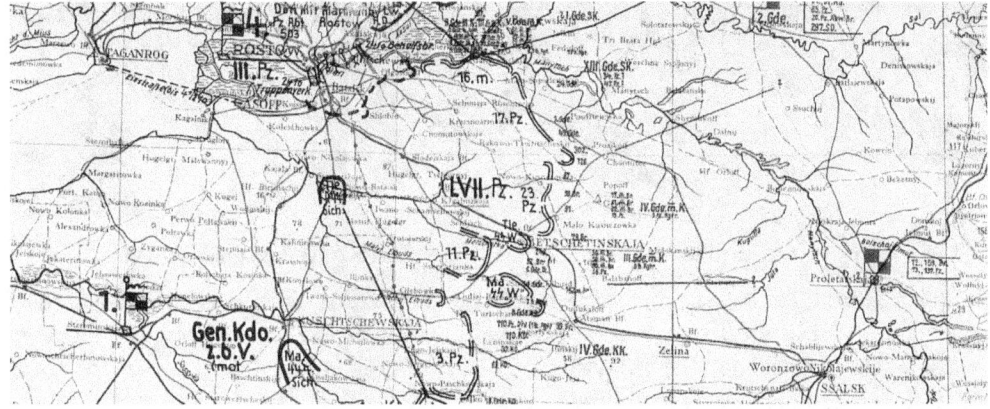

Soldati tedeschi, gennaio 1943.

Il vento gelido soffiava un po' di neve sui poveri corpi abbandonati, mentre i superstiti proseguivano la loro ritirata, marciando a tappe forzate verso un altro villaggio, più lontano verso ovest. Ad ogni tappa, seguiva una battaglia. E così, il 21 gennaio 1943, al calar della notte, il battaglione Lohmann della *Nordland*, si acquartierò nel villaggio di Gigant. Al battaglione fu ordinato di proteggere il ripiegamento del resto della divisione. Dopo una notte glaciale, gli uomini della *3.Kompanie* presero posizione tra le rovine di questo villaggio, da dove passavano la strada che da Ssalsk portava a Rostov e la linea ferroviaria, da Stalino a Rostov. Il problema più urgente era quello di pulire le armi. Con quel freddo, le mitragliatrici si inceppavano continuamente. C'era bisogno di olio per far funzionare il meccanismo, ma non troppo, poiché gelava e bloccava tutto. Il plotone pesante piazzò i suoi mortai e le sue mitragliatrici in punti strategici. Il posto di comando fu insediato in una delle poche case ancora con il tetto. I Sovietici attaccarono per la prima volta verso mezzogiorno. Si udirono infatti i tiri di un pezzo anticarro tedesco, impegnato a fermare un *T-34*. La *1.Kompanie* del battaglione era trincerata sulla destra. Poi, verso le 14:00, furono colpite dall'artiglieria sovietica anche le posizioni difese dalla *2.Kompanie* e subito dopo quelle della *3.Kompanie*.

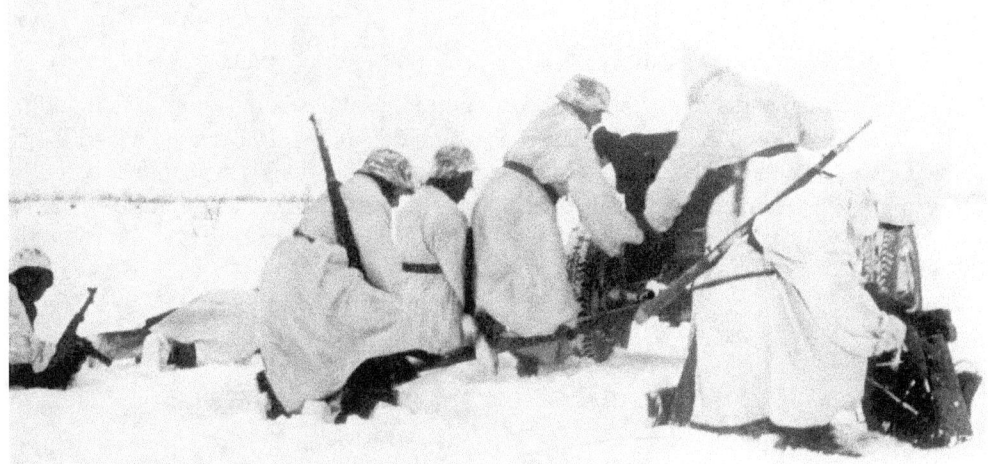

Un pezzo anticarro tedesco impegnato a fermare i carri sovietici, gennaio 1943.

Per tutta la giornata, il villaggio fu bombardato duramente. Solo al calar della notte, i reparti di fanteria attaccarono: le mitragliatrici della *Nordland* entrarono subito in azione. Questa volta furono attaccate nello stesso tempo tutte le compagnie. Dal suo posto di comando, via radio, l'*SS-Stubaf.* Lohmann chiese l'autorizzazione a ritirarsi.

Fanteria sovietica all'assalto, con una mitragliatrice *Maxim*.

Granatiere tedesco con cassette portamunizioni e uno *StuG*.

Colonna di camion e soldati tedeschi durante la ritirata.

"*...Non ancora!*", gli rispose l'*SS-Ostubaf.* Jörchel. I reparti sovietici che attaccavano da nord e da est, tentavano di tagliare al battaglione Lohmann, la strada per Rostov da ovest. Era necessario mantenere aperta questa ultima possibilità di fuga. Lohmann ripiegò allora nel villaggio vicino, poi verso sera, ricevette infine l'ordine di ripiegare ancora. I veicoli da trasporto arrivarono quasi fino alle posizioni dei granatieri. Gli agenti di collegamento corsero in tutte le direzioni, per recuperare i plotoni e i gruppi da combattimento dispersi sul campo. Mentre i granatieri ripiegavano, i pionieri tedeschi posavano ovunque delle cariche esplosive per far saltare tutte le installazioni e i mezzi danneggiati, che non potevano essere più recuperati. Fantastici incendi illuminarono così le tenebre del fronte dell'Est. Ovunque, si udiva il crepitio e il fracasso delle esplosioni e delle deflagrazioni che proiettavano pericolosamente schegge in tutte le direzioni. Il battaglione dell'*SS-Stubaf.* Lohmann continuò a ripiegare rapidamente. Come sempre, ogni compagnia, protese la ritirata della successiva, secondo una tattica ormai collaudata. Quando finalmente giunsero i camion, apparvero i Sovietici, ma non fecero in tempo a fermare la colonna in fuga. Per ore, i camion marciarono su piste malandate, attraverso i campi coperti dalla neve. Alla prossima fermata, sarebbe stato rilevato un altro battaglione della *Waffen-SS*.

Una *MG-34* impegnata in prima linea contro il nemico.

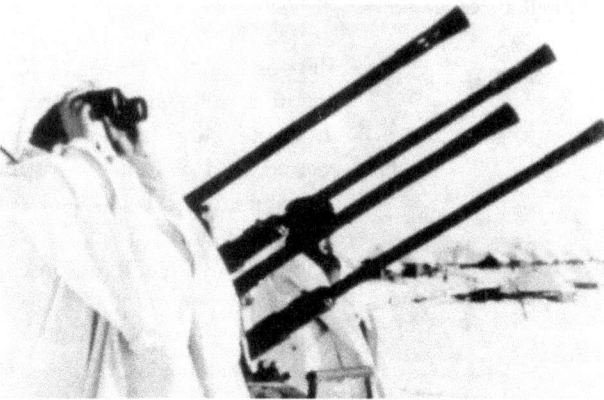

Una *Flakvierling* da 20mm in funzione antiaerea, 1943.

Fanti sovietici all'attacco, appoggiati da una mitragliatrice.

La stazione di Jelina

Il successivo punto di arresto era il villaggio di Jelina (Zelina), che secondo gli ordini, doveva essere difeso dal *I./Westland* di Sitter e dai battaglioni Lohmann e Collani del *Nordland*. Finlandesi, Scandinavi, Olandesi e Tedeschi, saltarono dai loro veicoli e andarono ad occupare i loro posti da combattimento in mezzo alle raffiche di neve. Il gruppo dell'*SS-Uscha*. Hollinger[1], che comprendeva meno di dieci uomini, si attestò in posizione avanzata in una stazione deserta, a 150 metri dal villaggio. La principale linea difensiva era a circa duecento metri più indietro. All'alba, Hollinger piazzò una mitragliatrice sulla strada e un'altra, lungo la linea ferroviaria. Le postazioni di tiro furono rinforzate con delle tavole di legno e mimetizzate con la neve. Subito dopo, tre esploratori partirono in ricognizione a bordo di un *sidecar* verso est. Tornarono dopo pochi minuti, annunciando: "...*Stanno arrivando! Sono alcune centinaia, forse un migliaio...Con dei carri!*". L'*SS-Uscha*. Hollinger esclamò: "*Dannazione! Non abbiamo nessun pezzo anticarro!*". Il comandante del plotone, l'*SS-Ustuf*. Hantke[2], arrivò sul posto. Impartì gli ordini e poi promise di inviare, se fosse stato possibile, delle cariche cave per tentare di fermare i carri nemici. La sua compagnia, la *3./Norldand*, raggruppava ormai solo una trentina di combattenti e disponeva come armi pesanti, solo di due pezzi *Flak* quadrinati da 20mm, un po' leggeri contro i *T-34*. Gli uomini si misero in posizione. Hollinger osservava il paesaggio con il suo binocolo. La neve falsava le distanze. Era immobile nella tormenta, quando improvvisamente si abbassò e disse: "*Guardate bene!*".

Fanteria sovietica muove all'assalto, strisciando nella neve.

Una *MG-34* tira raffiche contro la fanteria nemica.

Una squadra mitraglieri si prepara ad aprire il fuoco.

Furono avvistati dei fanti sovietici che si stavano raggruppando proprio davanti a loro. Piccole macchie nere nell'immensità bianca. Erano vicino a tre carri, senza dubbio dei *T-34*. "*...Non aprite il fuoco, fino a quando non lancerò il razzo rosso!*", ordinò Hollinger. Improvvisamente, si udirono delle grida provenire da lontano. Nonostante le sciarpe e i passamontagna, i soldati SS iniziarono a sentire i primi *'Hurra!'* dei fanti sovietici. Erano a circa mille metri, poi iniziarono ad avvicinarsi pericolosamente. Quando giunsero a circa quattrocento metri dalla stazione, Hollinger sparò il razzo rosso: "*Fuoco!*". Pistole, mitragliatrici, fucili, *Flakvierling*, aprirono il fuoco contro i Sovietici. A circa duecento metri dalle linee difese dai volontari germanici, l'assalto fu bloccato. Dopo aver lasciato sul terreno quasi un centinaio di caduti, i fanti sovietici ripiegarono. La tregua durò però ben poco. Dopo essersi raggruppati e aver portato indietro i feriti, i Sovietici tornarono all'attacco, più inferociti di prima. Il loro assalto fu nuovamente bloccato dal fuoco di sbarramento scatenato dai volontari germanici, sempre a circa duecento metri dalle loro posizioni. Dopo due assalti di fanteria andati a vuoto, i Sovietici iniziarono a colpire Jelina con il fuoco delle loro armi pesanti, mitragliatrici e mortai e continuarono così per tutto il pomeriggio fino al calar della notte. Al crepuscolo, iniziarono ad avvicinarsi anche i carri. Dipinti di bianco, si distinguevano a fatica sul terreno innevato. Uno dei *T-34* risalì il terrapieno ferroviario, coperto da altri due carri che restarono sulla strada. L'*SS-Uscha.* Hollinger comprese subito il pericolo. Non aveva alcuna arma per fermare i carri.

Un pezzo *Flak* da 88mm impegnato contro obiettivi terrestri.

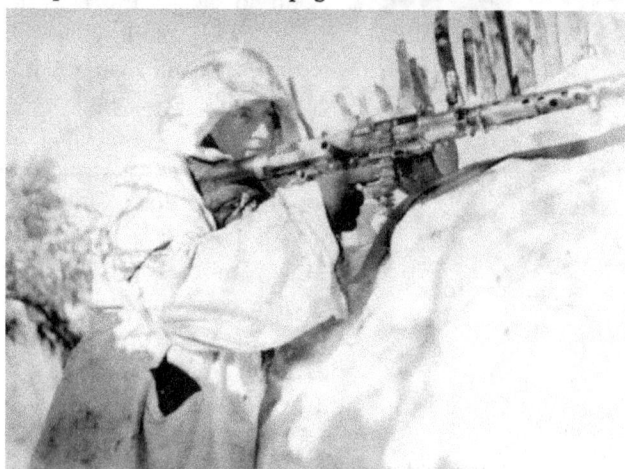

... Hollinger rioccupò il suo avamposto.

Fanteria sovietica all'assalto, sotto il fuoco nemico.

Allora gridò ai suoi uomini: "...*Carri in arrivo! Ripiegate fino al villaggio. Prendete posizione nelle prime case della periferia!*". I suoi uomini corsero a gambe levate. I carri sovietici avanzarono lungo i binari, seguiti da un folto gruppo di fanti, a piedi e a bordo degli stessi carri. Il tiratore di una delle due mitragliatrici barcollò, lasciò cadere la sua arma e perse anche uno stivale di feltro. Non si fermò, continuò a correre, con i carri a meno di cinquanta metri di distanza. All'improvviso si udì un'esplosione. Raggiunto da un tiro proveniente da chissà dove, il carro era stato colpito in pieno. Una fiammata rossa, accecante al crepuscolo. Nell'aria furono proiettate schegge d'acciaio e dei resti umani. Una spessa fumata nera iniziò ad alzarsi dalla carcassa del *T-34*. Le sue munizioni di bordo erano esplose. Con un solo tiro, un pezzo *Flak* da 88mm, aveva distrutto il mostro d'acciaio. L'*SS-Uscha*. Hollinger non attese un secondo: "*Contrattacchiamo!*". I serventi delle due mitragliatrici si precipitarono verso la stazione. Quello che aveva perso la sua *MG*, riuscì a recuperarla. In pochi minuti gli uomini erano nuovamente ai loro posti. Hollinger rioccupò il suo avamposto. Chiese notizie degli altri gruppi. Più lontano, il suo camerata Müller, comandante dell'altro gruppo di mitragliatrici, era rimasto ucciso nel corso del contrattacco. Nel frattempo era calata la notte. Gli uomini iniziarono a sentire nuovamente dei rumori in avvicinamento sulla strada. Uno dei mitraglieri tentò di sparare una raffica, ma la sua arma si inceppò e non riuscì a sbloccarla.

Un *Pzkpfw.III* della *Wiking* sul fronte di Jelina, 1943.

Equipaggio di un *Pzkpfw.III* della *Wiking*, gennaio 1943.

Panzer e granatieri tedeschi durante un ripiegamento.

Allora tirò tre granate nel fossato lungo la strada di fronte a lui. Tre esplosioni e si udirono delle grida, poi dei gemiti. Alcuni soldati si precipitarono sul posto e spararono contro i soldati sovietici che erano arrivati a ridosso delle loro posizioni. Improvvisamente un rombo di motori sulla strada. Ma non erano i *T-34*, il rumore proveniva dalle retrovie. Erano i carri della *Wiking* giunti di rinforzo. Una mezzora più tardi, il gruppo Hollinger ricevette l'ordine di abbandonare la stazione di Jelina. Nel villaggio c'erano ad attenderli i camion che dovevano portarli via. Il battaglione dell'*SS-Stubaf.* Lohmann, doveva ripiegare verso ovest.

Jegorliskaja e Metchtineskaja

Tra il 24 e il 25 gennaio, i reparti della *Wiking* furono impegnati in nuovi combattimenti difensivi a Jegorliskaja. Questa volta furono gli elementi del reggimento *Germania* a subire il maggior peso dell'attacco sovietico, proveniente da nord, mentre il *Westland* e il *Nordland*, assicurarono i fianchi e fornirono fuoco di appoggio. Fino al 30 gennaio, i combattimenti interessarono anche il villaggio di Metchtineskaja. Le forze opposte erano così vicine, in questa guerra di continui spostamenti, che un giorno, una pattuglia di motociclisti esploratori riuscì a catturare un cannone sovietico con tutti i suoi serventi, nel bel mezzo di una tempesta di neve. Ma la cosa più straordinaria fu quella di scoprire che il pezzo era trainato da due cammelli.

Soldati della Wiking.

Questo dimostrava che anche i Sovietici, lanciati all'inseguimento delle forze tedesche che battevano in ritirata, avevano dei problemi con i veicoli a motore con quel freddo glaciale. I reparti della *Wiking* continuarono ad essere impegnati nell'area a sud-est di Rostov. Granatieri, pionieri, artiglieri, equipaggi dei carri, dei cannoni d'assalto e delle autoblindo, motociclisti, tutti impegnati nei combattimenti difensivi e in retroguardia. A circa due chilometri a nord-est di Metchtineskaja, c'era una piccola stazione isolata, in aperta campagna. Non ci passava un treno da un bel po' di tempo. I binari erano spariti sotto la neve. Il 30 gennaio 1943, a difendere quella stazione deserta c'erano i resti della *9.Kompanie* del battaglione finlandese, agli ordini dell'SS-*Ostuf.* Ertel, in tutto una trentina di volontari. I Finlandesi erano però contenti: nel corso di un colpo di mano oltre le linee nemiche, una pattuglia finlandese aveva catturato una decina di prigionieri, ai quali si erano aggiunti subito dopo, una ventina di disertori. Questo faceva pensare che il morale dell'armata rossa non fosse più quello delle settimane precedenti. Insieme ad Ertel, avevano preso posizione intorno alla stazione deserta, gli artiglieri di una unità *Flak* con pezzi da 88mm e quelli di una batteria del reggimento di artiglieria divisionale.

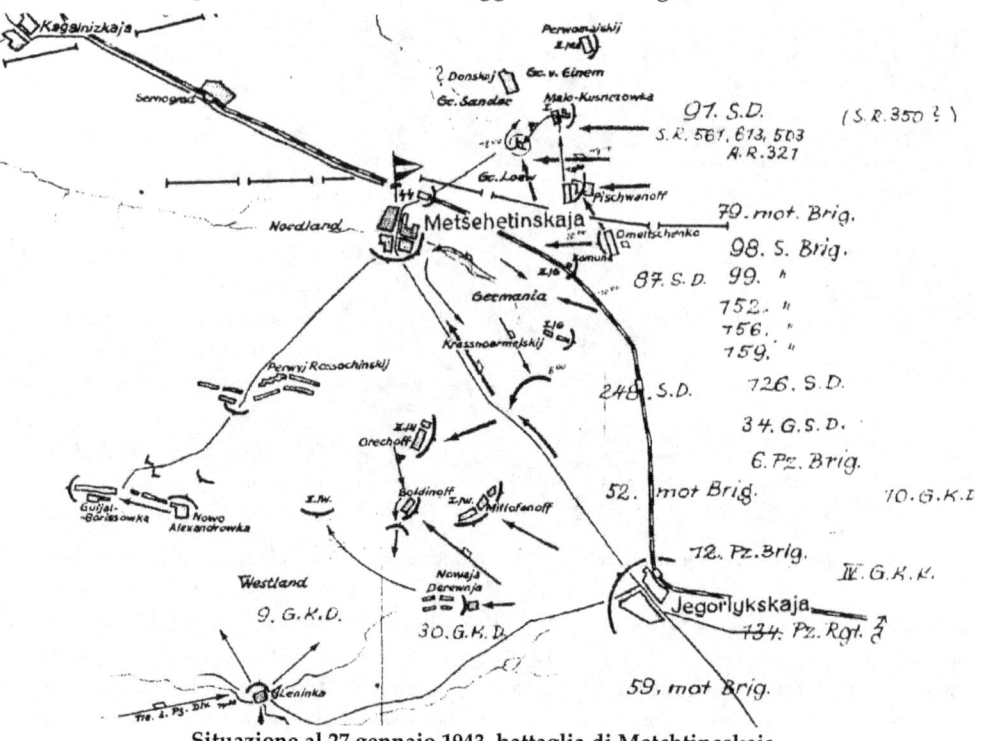

Situazione al 27 gennaio 1943, battaglia di Metchtineskaja.

Soldati tedeschi su una postazione difensiva avanzata.

Un pezzo *Flak* 36 da 88mm, in posizione anticarro (MC).

Soldati del *Germania* durante una pausa, febbraio 1943.

Le altre compagnie granatieri finlandesi non erano molto lontane. La *10.Kompanie* di Pohjanlehto e la *11.Kompanie* di Deck, si trovavano da qualche parte, nel vasto paesaggio invernale, ben trincerate. Al mattino del 30 gennaio, una pattuglia riuscì a fare un'altra ventina di prigionieri. Verso mezzogiorno, fu avvistata una colonna sovietica in avvicinamento. I soldati nemici avanzavano tranquillamente come se davanti a loro non ci fosse nessuno. Forse pensavano che i Tedeschi si fossero già ritirati. L'*SS-Stubaf.* Collani, decise allora di preparargli una bella sorpresa. Ai suoi uomini, fu ordinato di stare nascosti e di aprire il fuoco solo al suo segnale. I volontari finlandesi, con le armi in pugno, nascosti nel paesaggio innevato, lasciarono avvicinare la colonna nemica. Quando questa fu vicina, sbucarono da tutte le parti. I soldati sovietici furono completamente colti di sorpresa e si arresero quasi subito, dopo alcune raffiche di mitragliatrice. Furono catturati così, un'altra ventina di prigionieri e furono recuperati una cinquantina di fucili, un camion, cinque carretti, sette cavalli e quattro cammelli! Nei due giorni successivi non si verificarono altri scontri con le forze nemiche. Il 2 febbraio, fu deciso dal comando della divisione, di lanciare un contrattacco, per stabilizzare il fronte difensivo. I reggimenti *Germania* e *Nordland* dovevano appoggiare questa nuova azione, mentre la compagnia dell'*SS-Ostuf.* Ertel, doveva prendere parte all'attacco.

125

Fanteria sovietica all'assalto.

I Sovietici attaccarono però per primi: un migliaio di fanti appoggiati da alcuni carri, attaccarono il settore difeso dalla *10.Kompanie* dell'*SS-Ostuf.* Pohjanlehto, che era stata aggregata temporaneamente al battaglione Krügel del *Nordland*. I Sovietici riuscirono a manovrare così bene, da travolgere gli avamposti del *Nordland* e a sbucare alle spalle dei difensori. L'*SS-Ostuf.* Pohjanlehto decise allora di rifugiarsi in un *Kolkhoz*, ordinando ai suoi uomini di posizionarsi come meglio potevano. I Finlandesi erano ormai stati circondati. I Sovietici lanciarono il primo assalto verso mezzogiorno. Gli attacchi proseguirono senza sosta, fino a tarda sera. Gli attaccanti erano centinaia, mentre nel *Kolkhoz* c'erano solo trentacinque volontari finlandesi. Almeno sei soldati SS, rimasti isolati, erano spariti. Erano caduti o erano stati catturati. Gli altri reparti finlandesi si stavano battendo dentro Kagalnizkaja. Quando ricevettero l'ordine di ripiegare, dovettero attraversare un importante corso d'acqua, utilizzando l'unico ponte esistente in quel settore, sotto il fuoco nemico. Più indietro, la *10.Kompanie* resisteva ancora. I carri sovietici serpeggiarono tra i covoni di fieno e le isbe, dove si erano rifugiati i volontari finlandesi. Pohjanlehto comprese che non poteva resistere ancora a lungo e allora inviò una staffetta portaordini al comando del battaglione. L'*SS-Stubaf.* Collani gli rispose così: "*...Non ho più alcuna riserva. Tutte le armi pesanti sono state già evacuate. Ripiegate al calar della notte*". Bisognava resistere ancora.

Soldati della *Wiking* durante i combattimenti per Kagalnizkaja, febbraio 1943.

Soldati tedeschi ispezionano un carro sovietico distrutto nel corso dei combattimenti.

Non lontano, si battevano i granatieri della *11.Kompanie* di Deck, che avevano recuperato un *Pak* della *12.Kompanie* di Ladau. Tutti i volontari finlandesi attesero la fine di quella giornata per poter ripiegare. I camion e i materiali pesanti erano stati già trasferiti a Gavronov, un po' più ad ovest. Verso sera, il battaglione Collani abbandonò finalmente la posizione di Kagalnizkaja. L'*SS-Ostuf.* Pohjanlehto doveva raggiungere l'unico ponte esistente per attraversare il fiume Kagalnik. Si dovevano far salire i suoi trenta uomini sui camion e proseguire verso il fiume. Ma si mossero troppo tardi, il ponte saltò in aria.

Volontario finlandese (OW).

SS-Ostubaf. **Hans Collani.**

SS-Ostuf. **Tauno Pohjanlehto.**

Quando giunsero sulla posizione, trovarono una staffetta portaordini lasciata da Collani, per guidarli nelle retrovie. E così, Pohjanlehto ordinò ai suoi tre camion di seguire il corso del fiume. Quando fu notte, sembrò che avessero trovato un passaggio. Il piccolo convoglio si diresse verso un punto dove il fiume si restringeva e le sponde erano meno ripide. Ordinò al primo autista di passare sulla superficie gelata del fiume. "...*Credete che reggerà, Obersturmführer?*", chiese il volontario. "...*Stai sicuro!*", lo rassicurò Pohjanlehto. Non era invece sicuro, ma non c'era altro da fare. Il primo camion passò sull'altra sponda, seguito subito dopo dagli altri due. I volontari finlandesi raggiunsero il villaggio di Gavrilov, dove era stata formata una nuova linea di resistenza.

Una corsa contro il tempo

Il 3 febbraio 1943, ripresero i combattimenti sulla testa di ponte, difesa dalla divisione *Wiking* e da due divisioni di fanteria della *Wehrmacht*. I volontari germanici della *Waffen SS* difendevano la strada da Salsk a Rostov, il corridoio della grande ritirata delle forze tedesche verso l'estuario del fiume Don. I reparti sovietici seguivano da vicino i superstiti del Caucaso, decisi a non lasciarli scappare via. Mentre i granatieri SS occupavano delle trincee scavate all'ultimo momento, gli ultimi carri dell'*SS-Stubaf.* Mühlenkamp furono impegnati in continui contrattacchi, per tentare di allentare la pressione nemica. Gli equipaggi dei carri si batterono duramente, per chiudere una dopo l'altra, le brecce che si aprivano continuamente nel fronte difensivo. I Finlandesi erano sulle loro posizioni. I reparti di Ertel sulla sinistra e quelli di Deck sulla destra, con le loro compagnie ridotte ad una trentina di uomini ciascuna. I collegamenti con le unità vicine non erano dei più saldi: da una parte, gli elementi di una divisione della *Wehrmacht* e dall'altra, gli Scandinavi di un altro battaglione del *Nordland*. Ovunque si aprivano continuamente delle brecce, larghe anche chilometri. Fortuna che i Sovietici si mantenevano abbastanza tranquilli. Il 4 febbraio, i reparti della *Wiking* furono nuovamente raggruppati. L'*SS-Brigdf.* Gille ripartì i suoi reggimenti nel nuovo settore difensivo. Gli ordini erano di difendere un'ultima testa di ponte, nel settore di Bataisk, prima di ripiegare, nella notte tra il 4 e il 5 febbraio, per attraversare il Don a Rostov. I Sovietici attaccarono subito le nuove posizioni della divisione, soprattutto quelle difese dai Finlandesi di Collani. Più di un centinaio di soldati sovietici riuscirono, con il favore della bruma mattutina, a penetrare tra due punti di appoggio. All'alba del 4 febbraio, attaccarono la *11.Kompanie* dell'*SS-Ostuf*. Deck.

L'*SS-Ostuf*. Eugen Deck (BDC).

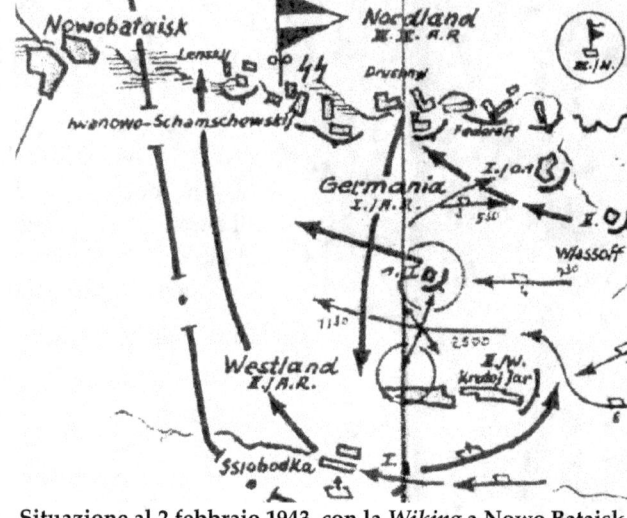

Situazione al 2 febbraio 1943, con la *Wiking* a Nowo Bataisk.

Granatieri tedeschi su una postazione difensiva.

Soldati impegnati a trainare un pezzo anticarro.

Alcuni rapidi contrattacchi, stabilizzarono la situazione, ma con quegli effettivi si poteva fare ben poco. Quando riuscì a colpire sul fianco gli attaccanti con una rapida manovra, l'*SS-Ostuf*. Deck si ritrovò solo con una ventina di granatieri. Riuscì comunque a distruggere tre camion che trasportavano pezzi anticarro e a fare una cinquantina di prigionieri. Sul terreno rimasero una trentina di fanti sovietici. Alle otto del mattino, i Sovietici tornarono ad attaccare, facendosi appoggiare da sette carri armati. Un *Pak* riuscì a distruggere un *T-34*, ma ne restavano altri sei. L'*SS-Ostuf*. Deck decise allora di rifugiarsi in un *Kolkhoz*. Con lui erano rimasti solo una quindicina di uomini. Non lontano dai superstiti della *11.Kompanie*, c'erano quelli della *9.Kompanie* di Ertel, in una situazione altrettanto critica. I carri sovietici continuarono ad avanzare, così come la fanteria. Ertel era rimasto con una sola mitragliatrice. I fanti sovietici erano arrivati a cinquecento metri.

Granatieri tedeschi, raggruppati vicino ad un *T-34*.

Soldato tedesco in trincea.

Soldati della *Wiking* saliti a bordo di un *PzKpfw.III*.

La mitragliatrice, impegnata a tirare corte e precise raffiche, diventò di fuoco, a tal punto che Ertel temeva che si inceppasse da un momento all'altro. Ma non c'era alternativa, era necessario fermare il nemico. All'improvviso, notò dei carri che avanzavano dietro ai fanti sovietici, quindi mormorò a bassa voce: "...*Questa volta è finita!*". La *9.Kp.* non poteva uscire da quella difficile situazione. Ma subito dopo, Ertel realizzò che non si trattava di carri sovietici, ma di *panzer*. Erano i carri del battaglione corazzato della *Wiking*. L'*SS-Stubaf*. Mühlenkamp era riuscito, con i *Pzkpfw.IV* e i cannoni d'assalto, a infiltrarsi nel dispositivo nemico e a colpire alle spalle i reparti sovietici. In pochi minuti, furono distrutti numerosi *T-34*, mentre gli altri ripiegarono per evitare di fare la stessa fine.

Note

[1] Hans Hollinger, nato il 3 gennaio 1915 a Kirchstein/Obb., SS-Nr. 69 531. Serviva nella *3.Kp./Nordland*.

[2] Heinz Hantke, nato il 21 dicembre 1918 a Thomasdorf, SS-Nr. 400 082. In precedenza aveva servito nella *8./LSSAH*, nella *12./Norland* e poi nella *3./Nordland*.

Sulla testa di ponte di Rostov

All'inizio di febbraio del 1943, i reparti della *Wiking* si ritrovarono a combattere divisi, impegnati in una serie di piccole battaglie. Intorno ad una postazione di mitragliatrice, un pugno di volontari tiravano le loro ultime cartucce. Qualche volta e non sempre, una staffetta portaordini riusciva ad arrivare su queste posizioni isolate per consegnare l'ordine di ripiegamento. Purtroppo, spesso, questi gruppi isolati lasciati nelle retrovie, finirono divorati nella notte e nell'oblio e di loro non si seppe più nulla.

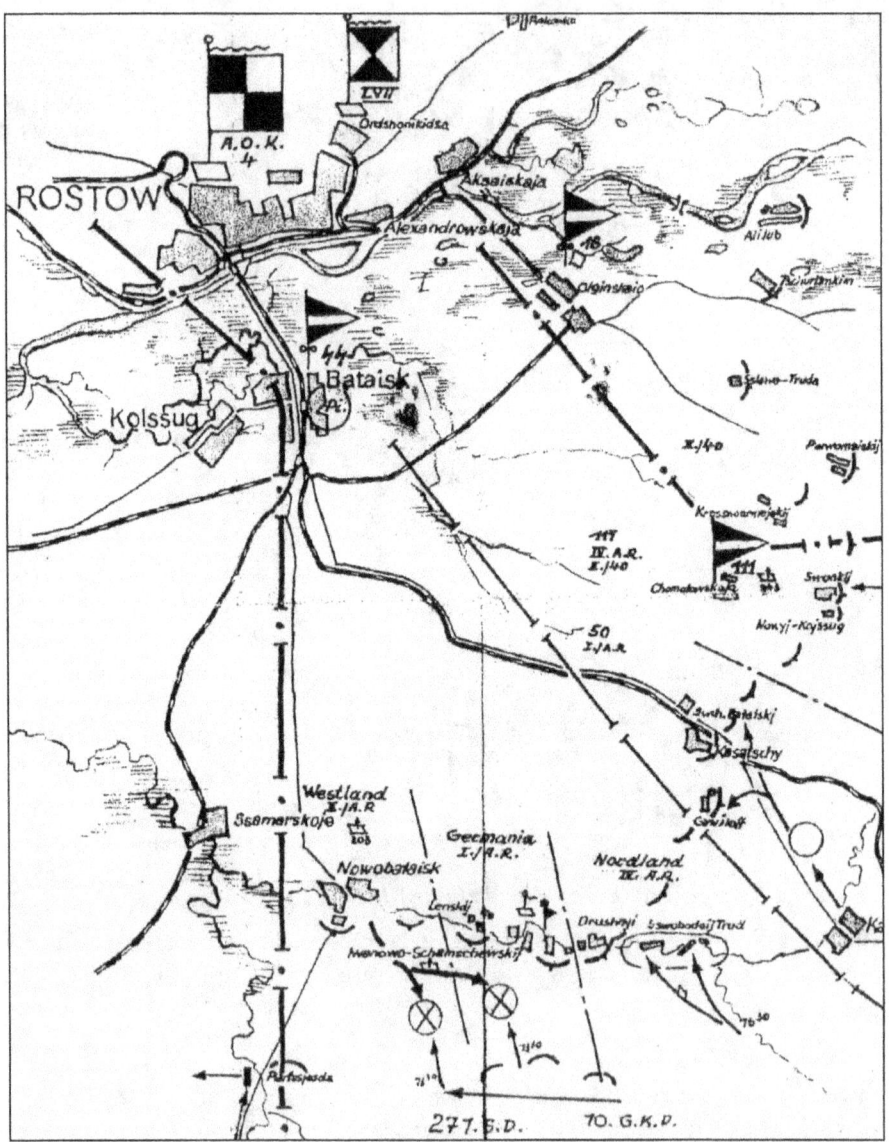

Situazione al 3 febbraio 1943: ripiegamento dei reparti tedeschi verso Rostov.

Soldati in ripiegamento.

Ad ogni tappa della ritirata, si contavano i caduti lasciati sul posto e i feriti evacuati all'ultimo momento con le ambulanze, si contavano i dispersi e i superstiti. La *Wiking* si ritrovò tra le ultime unità a difendere la testa di ponte di Rostov. Conservare liberi i passaggi sul fiume diventò un imperativo categorico per tutte le forze tedesche che combattevano nel settore meridionale del fronte dell'Est. L'ultima barriera prima del fiume gelato fu stabilita con i resti dei reggimenti *Germania*, *Westland* e *Nordland*. I granatieri SS doveva tenere, isolati in mezzo alla neve, senza appoggio di carri, senza pezzi anticarro, senza cannoni. Tutto il materiale pesante era stato già trasferito oltre il Don, per evitare che cadesse in mano al nemico. E allora, nei villaggi assediati dalle colonne d'assalto sovietiche, lanciate all'inseguimento delle forze tedesche in ritirata, restavano solo soldati armati con i loro fucili, le loro granate a mano, le loro mitragliatrici e le loro mine. Qualche volta, era presente un mortaio, che lanciava le sue ultime granate contro i carri e la fanteria nemici. Il 4 febbraio, i volontari germanici dopo aver lasciato degli elementi in retroguardia a Novo-Bataisk,

ripiegarono in direzione di Rostov. Soffiava un terribile vento glaciale nella pianura desolata. Per questo ultimo balzo verso l'obiettivo, crebbe la paura di restare senza carburante. Senza di esso, camion e trattori si sarebbero fermati nella tormenta e con i Sovietici che incalzavano da vicino le colonne tedesche, fermarsi significava essere catturati o morire. I feldgendarmi tentavano di mettere un po' d'ordine in tutto quel caos.

Un mortaio pronto a tirare una granata.

Postazione difensiva tedesca con una *MG-34*.

Alcuni graduati, come l'*SS-Ostuf.* Jahnke, ufficiale aggiunto nel I° gruppo del reggimento di artiglieria della divisione *Wiking*, furono rinviati verso il fronte con un camion per tentare di recuperare dei fusti di carburante nei veicoli dei rifornimenti abbandonati durante la ritirata. Dirigendosi verso est, Jahnke incrociò i convogli che ripiegavano davanti all'avanzata dei Sovietici. Regnava un'atmosfera di angoscia, quasi di rotta generale. Le strade erano talmente ingombre che i camion marciavano attraverso i campi gelati, in mezzo alle carcasse dei veicoli abbandonati. Si vedevano ovunque delle posizioni abbandonate, materiali distrutti e veicoli in fiamme.

L'*SS-Ostuf*. Günter Jahnke.

Reparti tedeschi in ritirata, febbraio 1943.

Una *Flakvierling* della *Wiking* in funzione antiaerea.

Un cannone leggero di fanteria in posizione di fuoco.

Dietro le ultime colonne in fuga, non c'era più niente, solo la pianura immensa e gli ultimi soldati lasciati in copertura, infreddoliti e impauriti sulle loro posizioni. Nella serata del 4 febbraio 1943, i granatieri della *Wiking* abbandonarono le loro ultime posizioni sulla sponda orientale del Don. Ormai l'avventura nel Caucaso era terminata. Gli ultimi a ripiegare furono i volontari finlandesi del battaglione Collani. Insieme ad essi, due compagnie di fanteria della *Wehrmacht* e una batteria di pezzi *Flak* da 88mm. L'esercito tedesco mantenne ancora per qualche ora, una piccola testa di ponte nella regione di Bataisk. Ma doveva essere evacuata da un momento all'altro. Nella città di Rostov, tutti i reparti tedeschi e le truppe alleate, si stavano preparando in tutta fretta a ripiegare verso ovest. Ovunque regnava panico e caos. Nella stazione di Bataisk, erano ammassati numerosi convogli.

Soldati dell'*SS-Nach.Abt.5* a Bataisk (*C. Trang*).

Soldati tedeschi e carro *Tigre*, febbraio 1943.

Una batteria di artiglieria tedesca sul fronte di Rostov, 1943.

Non si sapeva nemmeno se tutti fossero partiti, poiché mancavano le locomotive. La stazione e l'area intorno ad essa, brulicava di truppe. Qualche ufficiale si sforzava di mettere un po' d'ordine. Fu data priorità massima ai convogli carichi di feriti. Il treno-ospedale della *Wiking* restò tuttavia bloccato tra dei vagoni merci e delle piattaforme cariche di materiali. Era necessario sbloccarlo, agganciarlo ad una locomotiva e spedirlo lontano verso ovest, al di là del Mius, con il suo carico di feriti gravi. Poco dopo, l'aviazione sovietica attaccò la stazione. La *Flak* rispose subito. Le prime bombe iniziarono a cadere. Il treno-

Soldati tedeschi ripiegano da una posizione attaccata, 1943.

ospedale resto fermo, tra i vagoni carichi di munizioni. Fortunatamente gli aerei nemici si allontanarono, senza aver fatto troppi danni. Il treno-ospedale finalmente partì. A Taganrog, i feriti più gravi furono trasferiti all'aeroporto, per essere trasferiti il più rapidamente possibile, agli ospedali militari in Polonia o in Germania.

L'*SS-Gruf.* **Steiner** e l'*SS-Stubaf.* **Plöw.**

Ritorno sul Mius

Dopo aver attraversato Rostov, i resti della divisione *Wiking* furono raggruppati nella regione di Sultan-Saly, a partire dal 5 febbraio 1943. Nei due giorni successivi, i volontari germanici si lavarono, pulirono le armi, le uniformi, dormirono. Nella notte dell'8 febbraio, i sottufficiali passarono nei loro acquartieramenti per svegliarli: "*..Svegliatevi! Subito! Dovete salire sui camion!*". "*...ma dove andiamo?*", chiese qualcuno. Nessuno lo sapeva. Due giorni di riposo erano stati sufficienti per rimettere la divisione in piedi. Molti avevano creduto, che dopo i terribili combattimenti nel Caucaso, sarebbero stati sicuramente rimpatriati. Essi ignoravano la gravità della situazione sul fronte dell'Est. Dopo la caduta di Stalingrado, i Sovietici stavano minacciando di riconquistare tutta l'Ucraina! Le loro avanguardie corazzate si stavano dirigendo verso Dniepropetrowsk e Kharkov. Il comando tedesco lanciò tutte le unità disponibili in battaglia per parare questa nuova minaccia, anche le più piccole e quelle già provate dai combattimenti precedenti. Al mattino, gli uomini della *Wiking* scoprirono di trovarsi in un villaggio che conoscevano bene, Alexejewka. Scesero dai camion per una rapida e spartana colazione, per poi riprendere subito la marcia.

Colonna motorizzata della *Wiking* durante il ripiegamento verso il Mius (*C. Trang*).

I camion attraversarono le posizioni sul fiume Mius, che la divisione SS aveva occupato durante l'inverno precedente. I villaggi si ripetevano, monotoni e deserti, lungo la strade ghiacciate. I convogli presero la direzione di Stalino. Al mattino dell'8 febbraio 1943, nei pressi di Amvrosiewka, l'*SS-Gruf.* Felix Steiner, giunse ad accogliere i suoi soldati.

PzKpfw.III e *.IV* della *Wiking* in un villaggio sul fronte del Donetz (*Charles Trang*).

Il comandante della divisione *Wiking*, riunì intorno a sé gli ufficiali del suo stato maggiore e gli altri comandanti di reparto, per fare il punto della situazione: "*...I Sovietici stanno per attraversare il fiume Donetz, nella confluenza con il Dnepr. Minacciano ormai la città di Izjum. Noi dobbiamo aggregarci alla* 1.Panzerarmee *per partecipare alla controffensiva*". Poi aggiunse, quasi profetico: "*...Sarà dura, sarà molto dura!*".

Soldati dello stato maggiore dell'*SS-Wirtschafts-Bataillon 5* (*Trang*).

A bordo di un veicolo.

Bibliografia, fonti e riferimenti fotografici

Fonti primarie

Archivi pubblici
Bundesarchiv Berlin Lichterfelde, Germania
Bundesarchiv-Militärarchiv Freiburg, Germania
U.S. National Archives Washington, Stati Uniti
Vojensky Historicky Archiv Praga, Republica Ceca

Riviste e pubblicazioni dell'epoca
Rivista *Signal*, varie edizioni e vari numeri
Rivista *Das Schwarze Korps*, vari numeri

Fonti secondarie: libri pubblicati

Sulla Waffen SS in generale
M. Afiero, *"Waffen SS in guerra. Vol.I: 1939-1943"*, Associazione Culturale Ritterkreuz
F. Duprat, *"Les campagnes de la Waffen SS"*, Les Sept Couleurs
H. Landemer, *"La Waffen SS"*, Balland, 1972
Felix Steiner, *"Die Freiwilligen: Idee un Opfergang"*, Plesse Verlag, Göttingen 1958

Sulla Wiking e reparti ad essa assegnati
Fritz Hals, *"Der Panzerdivision Wiking im bild"*, Munin Verlag
Ewald Klapdor, *"Viking Panzers: The German SS 5th Tank Regiment in the East in World War II"*, Stackpole Books
Jean Mabire, *"La division Wiking dans l'enfer blanc: 1941/43"*, Fayard 1980
Rolf Proshek, *"Verweht sind die spuren: 5.SS Panzer regiment im bild"*, National Europa Verlag
Jacek Solarz, *"Wiking 1941-1945"*, Wydawnictwo Militaria
P. Strassner, *"European Volunteers: the 5.SS-Panzer-Division Wiking"*, J.J.Fedorowicz Publishing, 2006
Charles Trang, *"Wiking, volume 2: mai 1942-avril 1943"*, Edizioni Heimdal
Olli Wikberg, *"Dritte Nordland"*, Wiking-Divisioona Oy

Pubblicazioni periodiche
Rivista *Der Freiwillige*: alcuni numeri
Rivista *Siegrunen*, periodico pubblicato da Richard Landwehr: alcuni numeri
Rivista *Ritterkreuz*, bimestrale dedicato alle formazioni della *Waffen SS*: alcuni numeri

Riferimenti fotografici
Bundesarchiv, Germania (BA)
Washington, D.C. National Archives and Records Administration (NA)
Berlin Document Center (BDC)
Istituto di Storia Moderna di Lubiana (MZNS)
Filmati Deutsche Wochenschau (DW)
Nation Europa Verlag, Coburg (NEV)
HTM Budapest
Imperial War Museum (IWM)
Munin Verlag

Collezioni private
Massimiliano Afiero (MA), Giorgio Bussano (GB), Michael Cremin (MC), Pierre Tiquet (PT), Charles Trang (CT), Olli Wikberg (OW)

N.B. L'Associazione Culturale Ritterkreuz si dichiara pienamente disponibile a regolare eventuali spettanze per quelle immagini di cui non sia stato possibile reperire la fonte e correggere nelle successive edizioni eventuali errori e omissioni.